Le droit des assurances sous l'égide des lois marocaines pour débutants

Les contrats terrestres et de transports maritimes et aériens

Logiques Juridiques

Fondée par Gérard Marcou

Dirigée par Jean-Claude Némery et Thomas Perroud

Le droit n'est pas seulement un savoir, il est d'abord un ensemble de rapports et pratiques que l'on rencontre dans presque toutes les formes de sociétés. C'est pourquoi il a toujours donné lieu à la fois à une littérature de juristes professionnels, produisant le savoir juridique, et à une littérature sur le droit, produite par des philosophes, des sociologues ou des économistes notamment.

Parce que le domaine du droit s'étend sans cesse et rend de plus en plus souvent nécessaire le recours au savoir juridique spécialisé, même dans des matières où il n'avait jadis qu'une importance secondaire, les ouvrages juridiques à caractère professionnel ou pédagogique dominent l'édition, et ils tendent à réduire la recherche en droit à sa seule dimension positive. À l'inverse de cette tendance, la collection « Logiques juridiques » des éditions L'Harmattan est ouverte à toutes les approches du droit. Tout en publiant aussi des ouvrages à vocation professionnelle ou pédagogique, elle se fixe avant tout pour but de contribuer à la publication et à la diffusion des recherches en droit, ainsi qu'au dialogue scientifique sur le droit. Comme son nom l'indique, elle se veut plurielle.

Dernières parutions

Esteban RENAUD, *La normativité des conclusions. Le pouvoir jurisprudentiel des rapporteurs publics près le Conseil d'État*, 2025.

Aziz EN NEFKHAOUI, *Procédure pénale marocaine*, 2024.

Jérémy BOUSQUET, *Le précédent judiciaire dans les conclusions des rapporteurs publics. Étude à partir du droit des contrats administratifs*, 2024.

Cătălin-Silviu SARARU et Cristina Elena Popa TACHE (dir.), *Le droit international en transition, Contributions à la 4e Conférence sur le droit comparé et international, Conférence internationale, 14 juin 2024, Bucarest*, 2024.

Laurence WARIN, *La santé dans toutes les politiques, État des lieux et réflexion sur son entrée et sa circulation dans différents ordres juridiques*, 2024.

Hind ADIL

Le droit des assurances sous l'égide des lois marocaines pour débutants

Les contrats terrestres et de transports maritimes et aériens

L'Harmattan

Du même auteur

La responsabilité juridique internationale du transporteur maritime de marchandises sous connaissement : un échec ? Thèse de doctorat, Faculté de droit des études supérieures, Université de Montréal, Montréal, 2009, Presses Académiques Francophones, Allemagne, 2014

Le premier pas inoubliable vers une vraie recherche juridique, L'Harmattan, Paris, 2021.

5-7, rue de l'École-Polytechnique, 75005 Paris
http://www.editions-harmattan.fr
ISBN : 978-2-336-50616-6
EAN : 9782336506166

Avant-propos

L'incertitude des opérations humaines future demande une considération inévitable de plusieurs risques à l'égard de la conclusion des contrats. Les évènements qui sont soit de la force majeure où les éléments de l'extériorité, l'imprévisibilité et l'irrésistibilité sont présents, soit ceux qui manquent un de ces éléments, mais leur point commun est l'endommagement de l'objet du contrat. Autrement dit, alors que certains risques futurs découlent des facteurs échappant au contrôle des parties comme les facteurs naturels, ils peuvent aussi être causés par les facteurs humains comme les difficultés l'exécution et leurs conséquences pesantes financièrement, surtout que l'évolution des conditions du marché peut entraîner des décisifs changements concernant les prix ou le maintien des délais en considérant le comportement des parties qui implique un ensemble particulier de risques.

Certes, une bonne gestion ces risques dépend premièrement de la négociation et la rédaction du contrat qui doit attribuer la responsabilité à la partie qui peut les mieux gérer, mais, parallèlement, il nécessite un contrat d'assurance, puisque les opérations d'assurance et de réassurance portent sur la couverture des risques touchant une personne, un bien ou une responsabilité.

En effet, l'objet principal de cet ouvrage est d'aider les juristes débutants et débutantes ainsi que les nouveaux praticiens et les nouvelles praticiennes à acquérir des connaissances de base suffisantes pour gérer les spécificités du droit des assurances en permettant d'harmoniser et de simplifier les lois régissant ce domaine important du droit et comprendre le fonctionnement des divers contrats d'assurance soit terrestre, soit maritime et aérienne selon le droit marocain.

Introduction

Attacher son regard sur le secteur des assurances est naturel pour la bonne raison que toute économie nationale ou internationale est basée sur la prévention des risques financiers en premier rang. L'opération d'assurance envisagée globalement est une opération anti-aléatoire de lutte collective contre le hasard. Isolé, l'homme est très vulnérable aux coups du sort qui le maintiennent dans l'insécurité moralement pesante et économiquement néfaste, puisqu'assumer des responsabilités exige une certaine confiance dans l'avenir. Or, si l'opération d'assurance n'évite pas les conséquences des évènements incertains de la vie, la gouvernance assurantielle[1] dilue leurs effets préjudiciables par une protection sociale assez éloquente.

Donc, l'État lui accorde une importance particulière et d'emblée, le droit des assurances est un droit qui touche presque tous les secteurs d'activités humaines.

Bien entendu, le marché marocain des assurances est classé parmi les premiers du continent africain en générant un

---

[1]La gouvernance assurantielle est un ensemble de méthodes de gestion pratiqué par les assureurs pour faire face aux risques importants pesant sur la stabilité des marchés et le renforcement de l'audit interne. Cela évite une responsabilisation accrue des assureurs.

Voir : *BAM - ACAPS – AMMC, Rapport sur la stabilité financière-exercice 2020 (numéro 8).* Disponible en ligne sur *:* < *https://www.ammc.ma/fr/publications/rapport-sur-la-stabilite-financiere-relatif-lexercice-2020*> (consulté le 20 décembre 2022) ; OCDE, « Lignes directrices de l'OCDE sur la gouvernance des assureurs », 2017. Disponible sur : < https://www.oecd-ilibrary.org/docserver/9789264288294-fr.pdf?expires=1718543994&id=id&accname=guest&checksum=DD2F270CCCE213F51C0A4D9FA4DD0E42> (consulté le 10 janvier 2023).

chiffre d'affaires toujours en croissance[2], dès lors que les risques sont omniprésents avec le développement des affaires socio-économiques de la mondialisation et l'introduction des nouvelles technologies d'information et de communications. S'ajoute à ce contexte, les catastrophes naturelles qui atteignent depuis quelques années de nombreux pays et sont de plus en plus fréquentes comme les inondations, les tremblements de terre[3] et les incendies. Ces phénomènes répétitifs donnent au secteur des assurances une place encore plus déterminante de nos jours. L'assurance et la réassurance les identifient comme des risques majeurs, mais les risques technologiques sont aussi dans cette sphère de risques dans la mesure où les cyberattaques augmentent en nombre chaque jour.

Indiscutablement, l'objet principal de cet ouvrage est de s'accoutumer avec le concept juridique de l'assurance et les différents contrats qui s'y rapportent. Autrement dit, ce sont

---

[2] Pour une vue globale sur le marché marocain des assurances, voir : ACAPAS, « Situation du secteur des assurances et de la réassurance en 2022 ». Disponible sur : < https://www.acaps.ma/sites/default/files/publication_documents/acaps_situation_liminaire_2022_vf_1.pdf> (consulté le 30 janvier 2023) ; « Zoom : le secteur des assurances au Maroc : tout un potentiel à explorer », le journal Conjoncture, n°1997-17, 15 novembre - 15 décembre 2017.

[3] L'illustration éloquente est le séisme intense qui a frappé le Maroc le 8 septembre 2023. Voir : le journal L'Opinion, « Officiel : 296 morts et 153 blessés, bilan préliminaire du séisme de vendredi soir », 9 sept. 2023. Disponible en ligne : < https://www.lopinion.ma/Officiel-296-morts-et-153-blesses-bilan-preliminaire-du-seisme-de-vendredi-soir_a43969.html > (consulté le 10 sept. 2023). Cf. Le Règlement de Construction parasismique (RPS 2000) a été approuvé par le décret n° 2-02-177 du 9 hija 1422 (22 février 2002). Disponible en ligne : <https://www.sodibet.com/telechargement/RPS2011.pdf> (consulté le12 sept. 2023).

les contrats qui gèrent un risque financier futur[4] d'une activité humaine dans un marché donné avant sa réalisation quand une personne physique ou morale, dite l'assuré ou sociétaire ou encore participant[5] donne chacun, chaque mois, une prime[6] ou une cotisation collectée par l'assureur qui est une entreprise d'assurance privée à caractère

---

[4] Il faut faire la différence entre l'assurance et les notions voisines comme l'assistance qui est une opération qui s'effectue après l'avènement du sinistre. Aussi, la solidarité qui lie obligatoirement deux ou plusieurs créanciers entre eux (solidarité active) à deux ou plusieurs débiteurs (solidarité passive) ayant pour effet, dans le premier cas, de donner à chacun des créanciers le droit d'exiger le paiement de la totalité de la créance sans la présence des autres, et, dans le second cas, de permettre à chacun des créanciers d'exiger à n'importe lequel des débiteurs solidaires de se libérer de la totalité de la dette entre ses mains et enfin l'épargne qui est une action volontaire de préserver une partie de son revenue. Cette somme correspond à la partie du revenu qui n'est pas consommé pour des projets à venir.

[5] C'est l'équivalent de l'assuré dans les contrats d'assurance islamique dite Takaful. L'article 10-2 du Code des assurances marocain édicte que : « En assurance Takaful, les risques couverts sont supportés par la collectivité des participants dans les limites de leurs contributions aux comptes d'assurance Takaful. […] ».

[6] La simple définition est la somme d'argent que l'assuré doit payer à son contractant, l'assureur, pour conclure un contrat d'assurance. *Infra.*, pp. 44-45.

lucratif[7] ou non lucratif comme les mutuelles[8] et Takaful[9] qui régissent un fonds des cotisations en répartissant le risque selon le regroupement des parties en fonction du type de risque assuré et fournit une prestation prédéfinie à un individu, une entreprise ou une organisation au moment de l'avènement d'un risque incertain, mais probable et qui est composé des différents aléas.

Le Code des assurances marocain de 2002 dans son article premier confirme cette définition en édictant que le contrat d'assurance est une « convention passée entre l'assureur et le souscripteur pour la couverture d'un risque et constatant leurs engagements réciproques. » Donc, les formes[10] des

---

[7] D'après l'article171 du Code des assurances, la compagnie d'assurance commerciale doit être une société anonyme au capital social d'au moins cinquante millions (50.000.000) de dirhams ou supérieur selon ses opérations et les prévisions de ses engagements.

[8] L'article 173 du Code des assurances dit que : « Les sociétés d'assurances mutuelles sont des sociétés à but non lucratif qui : 1° garantissent au profit de leurs membres, personnes physiques ou morales, appelés sociétaires, moyennant le versement d'une cotisation fixe ou variable, le règlement intégral de leurs engagements, en cas de réalisation des risques dont elles ont pris la charge ;

2° répartissent les excédents de recettes entre leurs membres dans les conditions fixées par leurs statuts et après constitution des provisions et réserves et remboursement des emprunts ;

3° n'attribuent aucune rémunération à leurs administrateurs ou aux membres de leur conseil de surveillance à l'exception des jetons de présence et la rémunération accordée au titre d'une autre activité exercée pour le compte de la société d'assurance mutuelle.

Les sociétés d'assurances mutuelles ne peuvent être à cotisations variables que si elles ont un caractère régional ou professionnel. » Voir aussi les articles 174, 175, 176 et 203 du Code des assurances.

[9] Voir : les articles 10-3, 10-4, 10-5, 158-1 et 159 du Code des assurances.

[10] Rappelant que l'assuré peut être un client d'une société commerciale d'assurance, ou une société civile où il est un membre adhérent d'une institutions de prévoyance sociale (personne morale de droit privé ayant un but non lucratif) et administrée paritairement par des membres

sociétés d'assurances n'influent pas sur le principe fondateur du contrat d'assurance de contrôler les évènements aléatoires et leurs conséquences fâcheuses sur la personne qui a besoin de protection contre les risques physiques, matériels et même moraux et qui demandent une gestion financière et de sécurisation assez élevée. Dans cette optique, les contrats d'assurance sont divisés en deux groupes : les assurances de dommages et les assurances de personnes[11].
En effet, le concept juridique d'assurance est fondé sur la mutualisation des risques[12]futurs aléatoires moyennant le paiement à l'avance d'une contribution financière par la partie qui veut bénéficier d'une couverture financière en cas de dommage assurable, à savoir en conformité avec la loi.

---

adhérents et des membres participants, c'est-à-dire les entreprises et les salariés, dite mutuelle où l'assuré et aussi l'assureur qui lègue son pouvoir à un ou plusieurs gestionnaires qui sont des administrateurs élus par les adhérents et siégeant à titre bénévole au sein d'un conseil d'administration et d'une assemblée générale. Les adhérents d'une mutuelle ou sociétaires détiennent donc un pouvoir de décision sur la gestion de l'organisme. La mutuelle a pour principal objectif de répondre aux besoins sociaux de ses membres. La mutuelle ne dispose pas ni d'actionnaires ni de cotation boursière. Toutefois, les profits qu'elle peut générer lui permettent de constituer une réserve d'argent ou de proposer des nouvelles prestations et garanties aux adhérents. Il faut mentionner que la nullité d'une société d'assurance mutuelle est régie par les conditions générales des articles 985 et 986 du Code des obligations et contrats, ainsi que des conditions spécialisées où les dispositions du Code des assurances sont impératives, selon le chapitre III et l'article 216 de ce code.

[11] L'article 1 du Code des assurances dicte que : « **Assurance de personne :** [assurance garantissant la survie ou du décès de l'assuré, la maternité, les assurances contre la maladie, l'incapacité, l'invalidité ainsi que la capitalisation ou l'investissement en ce qui concerne l'assurance **Takaful.**
En assurance Takaful, on entend par les assurances de personnes, l'assurance **Takaful famille**] ».

[12] Il s'agit d'un système de solidarité entre les membres ou participants d'un groupe, à base d'entraide mutuelle.

Cela suppose la solvabilité des parties et une confiance supérieure entre les personnes assurées et les compagnies qui offrent le service d'assurance. Dans ce sens, une véritable mutualisation des risques exige une véritable gestion des réserves financières des sociétés d'assurance. De ce fait, les marchés d'assurance sont fermement régularisés partout dans le monde en vue de préserver autant que possible la solvabilité[13] future des assureurs. Pour cette raison, le mécanisme approprié du marché d'assurance passe par une réglementation fondamentalement prévoyante impliquant plusieurs parties prenantes : l'assureur ou l'opérateur[14], le souscripteur[15] et l'assuré (qui bénéficie des garanties souscrites). Dans la plupart des cas, le souscripteur[16] et l'assuré sont une seule et même personne (assurance individuelle), sauf en cas d'assurance collective où le souscripteur est une personne morale, donc, à l'évidence les risques relatifs à l'intégrité physique sont absents. On parle

---

[13] Les garanties financières des compagnies d'assurances sont régies par les articles 238 et 239 du Code des assurances. De plus, les articles 242 et 243 donnent les règles de contrôle de l'autorité compétente dans l'intérêt des assurés, souscripteurs et bénéficiaires des contrats d'assurance. Par ailleurs, l'article 19 (c) du Code des impôts marocain fixe le taux de l'impôt concernant toutes les sociétés d'assurances à 40%.

[14] L'opérateur financier qui gère l'assurance islamique ou Takaful. Il peut être un mandataire des participants (contrat Wakala) ou gestionnaire des investissements du fonds Takaful, ou bien il combine des deux rôles (contrat hybride). Voir : IFAAS/FSD (Africa Islamic Finance Advisory & Assurance Services/ Financial Sector Deepening Africa, *La boîte à outils de la finance islamique,* pp.30-31.

[15] Le souscripteur est la partie au contrat au nom de laquelle la police est signée et qui s'engage au paiement des primes et à faire la déclaration des aggravations du risque.

[16] L'assuré souscrit un contrat d'assurance pour son propre compte.

d'assurance de groupe[17] ou encore le bénéficiaire de la prestation en cas de réalisation du risque assuré comme dans les assurances de vie[18].

Dans tous les cas, c'est toujours le souscripteur qui reste responsable des déclarations fournies à l'assureur en cas de sinistre ou en cas de modification du risque et l'assuré est la personne sur qui repose le risque. Corollairement, on peut repartir ces acteurs économiques en deux parties : premièrement, les professionnels de l'assurance à savoir l'entreprise de l'assurance[19], les intermédiaires[20] de

---

[17] C'est un contrat d'assurance de personne où le souscripteur est une personne morale ou un chef d'entreprise qui contracte cette assurance au compte des employés qui adhérent audit contrat sous des conditions déterminées afin de bénéficier d'une capitalisation ou une couverture des risques selon la durée de la vie humaine et les risques liés aux atteintes à l'intégrité physique de la personne. En effet, la tarification de ce contrat demande, en général, les éléments suivants : le nombre d'adhérents, noms de conjoints et enfants à charge et la masse salariale annuelle ainsi que le niveau des prestations demandées.
Voir : les articles 103-109 du Code des assurances.

[18] Le stipulant du contrat d'assurance ou le souscripteur contracte pour un tiers bénéficiaire. Cette pratique a occupé une place considérable dans les assurances de personnes (ex. assurance vie où le souscripteur est un épargnant qui souhaite par exemple céder un capital à des proches dans des bonnes conditions fiscales. Mais, comme déjà souligné, un contrat peut aussi être passé entre un assureur et une personne morale comme une association ou un employeur. L'épargnant n'est alors pas souscripteur, mais seulement l'adhérent du contrat, donc non habilité à en modifier les termes. *Infra*., p. 216 et suiv.

[19] Il faut comprendre que l'article 165 du Code des assurances distingue économiquement la pratique des opérations d'assurance par les assureurs à travers l'octroi d'agrément selon chaque catégorie d'assurance. Le cumul des agréments est interdit.

[20] L'article 289 du Code des assurances dicte que: « Les opérations pratiquées par les entreprises d'assurances et de réassurance sont présentées au public soit directement par lesdites entreprises, soit par l'entremise des personnes habilitées à cet effet et dénommées "intermédiaires d'assurances" et ce, sous réserve des dispositions de

l'assurance (agents[21] et courtiers[22]), les démarcheurs[23], les banques expressément agréées à cet effet ainsi que Barid Al Maghreb[24], pour les assurances de personnes, l'assistance

---

l'article 306 ci-dessous. », et l'article 291 donne la définition légale l'intermédiaire d'assurances qui est : « toute personne agréée par l'Autorité, en qualité d'agent d'assurances, personne physique ou morale, ou en qualité de société de courtage. ». Voir : l'Arrêté du ministre des Finances et de la Privatisation n°2241-04 du 14 kaada 1425 (27 décembre 2004) relatif à la présentation des opérations d'assurances, Bulletin officiel marocain n° 5292 du 17 février 2005, p. 169.

[21] Dans le cadre de distribution d'assurance, un agent d'assurance est un intermédiaire d'une compagnie d'assurance qui, à la suite d'un agrément, exerce des activités de distribution d'assurances, fait les transactions d'assurance au nom et pour le compte d'une seule entreprise d'assurance. En effet, l'article 292 du Code des assurances définit l'agent d'assurance comme une « personne habilitée par une entreprise d'assurances et de réassurance dont il est le mandataire, à présenter au public les opérations prévues aux articles 159 et 161 de la présente loi.

L'agent d'assurance peut représenter, au plus, deux (2) entreprises d'assurance et de réassurance à condition d'obtenir l'accord de l'entreprise avec laquelle il a souscrit le premier traité de nomination. »

[22] Le courtier d'assurance est, selon l'article 297 du Code des assurances, le représentant des clients auprès des entreprises d'assurance et de réassurance afin de les conseiller concernant le placement les risques, objet du contrat d'assurance, et aussi un représentant des compagnies d'assurance et de réassurance pour encaisser les primes à leur profit.

Dans ce cas, l'encaissement de la prime par la société de courtage est libératoire pour le client qu'elle représente.

[23] Le démarcheur est une personne physique qui conseille un client potentiel à son domicile civil ou commercial pour la souscription d'un contrat d'assurance. Voir l'article 290 du Code des assurances.

[24]L'article 2 de la loi n°50-20 relative à la microfinance de 14 juillet 2021 édite que : « Est considérée comme institution de microfinance, toute personne morale, qui exerce l'activité de microfinance telle que définie à l'article premier ci-dessus et régie par la présente loi et la loi n°103-12 relative aux établissements de crédit et organismes assimilés,

et l'assurance-crédit, les associations de microcrédit et les sociétés de financement qui peuvent, elles aussi, présenter certaines opérations d'assurance dans la limite des assurances de personnes et les assurances contre l'incendie et le vol contractées par leurs clients. D'autre part, il est primordial de mentionner les intervenants au niveau du financement de l'opération d'assurance : le réassureur et le rétrocessionnaire et leurs courtiers[25].

Deuxièmement, les consommateurs de l'assurance qui sont le souscripteur ou le preneur, l'assuré-souscripteur, et l'assuré-bénéficiaire.

Le tableau récapitulatif des intervenants de l'assurance

Les professionnels de l'assurance	**Les consommateurs de l'assurance**
– L'entreprise de l'assurance – Les intermédiaires de l'assurance (agents et courtiers) – Les démarcheurs – Les banques expressément agréées par Barid Al Maghreb – Les associations de	– Le souscripteur ou preneur – L'assuré-souscripteur – L'assuré-bénéficiaire

promulguée par le dahir n°1-14-193 du 1er rabii 1436 (24 décembre 2014).

Les institutions de microfinance sont constituées :

- soit sous forme de société anonyme, conformément à la loi n°17-95 relative aux sociétés anonymes promulguée par le dahir n°1-96-124 du 14 rabii II 1417 (30 aout1996) ;
- soit sous forme d'association, conformément aux dispositions du dahir n°1-58-376 du 3 joumada I 1378 (15 novembre 1958) règlementant le droit d'association ».

[25] *Infra.*, p. 49 et suiv.

microcrédit – Les sociétés de financement –Le réassureur et ses courtiers –Le rétrocessionnaire et ses courtiers	

Dans cette dynamique socio-économique, comprendre ce fonctionnement juridique des contrats d'assurance, il faut tout d'abord considérer l'histoire des assurances aux deux niveaux international et national. Quels sont les causes et les moyens déployés à travers le temps par les marchands pour élaborer ce marché intéressant de l'assurance et ensuite saisir les bases techniques de cette opération, puisque la définition juridique du contrat d'assurance serait peu significative, sans une définition technique.

Chapitre historique de l'opération d'assurance

Dans ce chapitre, on va voir l'histoire internationale et celle nationale de l'opération d'assurance. Le volet international va inclure deux systèmes de droit, celui des pays civiliste et celui des pays anglo-saxons, car les deux approches juridiques ont influencé directement ou indirectement le droit marocain des assurances. Nonobstant, l'origine de l'assurance est très ancienne.

1. L'histoire de l'assurance au niveau international

L'histoire de l'assurance moderne est relativement récente, étant donné qu'elle repose sur une technique mathématique dont les bases n'ont été élaborées qu'au 18e siècle par le calcul des probabilités et les statistiques, mais cela n'empêche pas de dire que le contrat d'assurance bien sous d'autres formes que celles d'aujourd'hui a été pratiqué dès la plus haute antiquité. On parle de l'assistance mutuelle. En effet, l'assurance en tant qu'un élément de protection contre le risque de perte des marchandises existait depuis l'ancien temps. Les commerçants cotisaient pour réparer des coûts générés par les pillages et vols des caravanes. L'Égypte pharaonienne et Rome antique[26] sont des exemples connus par l'histoire moderne surtout le commerce terrestre et maritime dans la période des pharaons qui possédaient un système contractuel très

[26] W. ROHRBACH, « Importance of Insurance History », (2018) 3 *Insurance Trends journal*, Serbia, p.39. Disponible en ligne sur : <http://tokoviosiguranja.edu.rs/wp-content/uploads/2018/12/18-03_1e.pdf> (consulté le 15 juillet 2023).

avancé[27]. Pour la première police d'assurance écrite est apparue au XVIIIe siècle avant J.-C., avec le Code du roi d'Hammourabi gravée sur un monument babylonien. Il est probable que les Phéniciens avaient obtenu cette pratique des Babyloniens qui transmettaient l'usage aux Grecs, car il n'y a aucune source écrite retracée avant la période romaine [28].

Dans l'époque contemporaine, conformément aux textes historiques communs, l'assurance est née avec le commerce maritime sous l'effet du « prêt à grosse aventure[29] ». C'était une opération de crédit où le prêteur supportait le risque de la perte du capital[30].

Ce type de prêt maritime était exécuté auparavant par les Grecs et les Romains. Les marchands faisaient appel aux prêteurs (banquiers) pour financer leurs expéditions maritimes selon le principe de compensation financière très élevée du prêteur si la livraison des marchandises arrivait à sa destination convenue, soit à bon port ; en revanche, en cas de force majeure[31] telle que le naufrage, le propriétaire du navire est libre de sa dette, mais les taux d'intérêt du prêt

---

[27] Cf. J. YOYOTTE, « l'Égypte pharaonique société, économie et culture », dans Dir. G. MOKHTARUNESCO, *Histoire générale de l'Afrique : l'Afrique ancienne*, UNESCO, Paris, 1980, p.132.

[28] Voir : De Charles Farley TRENERRY, *The Origin and Early History of Insurance : Including the Contract of Bottomry,* P.S. KING & Son, London, 1926.

[29] Cf. Pierre-Noël GIRAUD, « L'histoire de Zaccaria, négociant génois », dans *Le commerce de promesses*, Paris, Seuil, 2001, pp. 35-73 et dans Pierre-Noël GIRAUD, *Principes d'économie*, Paris, La Découverte, 2016, pp. 85-92.

[30] Voir : Martin BOYER, « Une brève histoire des assurances au Moyen âge », vol. 76(3), octobre 2008 *Assurance et gestion des risques* 83-97.

[31] Il faut se rappeler des éléments fondamentaux pour considérer un événement comme un cas de force majeure : extériorité, l'imprévisibilité et l'irrésistibilité.

« à la grosse » devenaient abusifs, par conséquent l'église catholique au Moyen âge[32] sous le pape Grégoire IX (9) a interdit le prêt usuraire en 1234.
Depuis lors, le développement de l'assurance médiévale est dû aux incitations économiques des banques prêteuses qui cherchaient à garantir leur remboursement en cas de prêt. Ils rentraient en négociation avec les commerçants afin d'accepter d'assurer la valeur du navire et ses marchandises en échange d'une somme d'argent payée antérieurement. Dès le XIIIe (13) siècle, l'activité d'assurance s'est structurée dans plusieurs villes maritimes de l'Europe d'où l'avènement des lois régissant ce secteur dans le but de contrôler les règles coutumières des pratiques commerciales ou la *Lex mercatoria*[33] qui dominait en premier lieu le commerce maritime.
En effet, l'assurance maritime était née apparemment à Gênes ou « Genoa » en Italie en 1347. La première société d'assurance fut créée dans cette ville en 1424. C'est l'origine du contrat d'assurance où l'écrit qui matérialisait ce contrat s'appelait déjà une police d'assurance et était un moyen de preuve en cas de conflit. L'Italie deviendrait une partie prépondérante sur la scène internationale où le marché des assurances se développait dans d'autres villes comme Florence et Venise, entre le 14e siècle et le début du 17e siècle.
Le marché de l'assurance va continuer à s'étendre dans les ports de la Méditerranée, puis de l'Atlantique. En référant aux deux systèmes de droit civil et celui anglo-saxon, on va accorder le privilège en premier lieu au système du « commun Law » vu que le royaume de l'Angleterre avait une expérience pionnière dans le domaine des assurances et il est considéré par beaucoup de pays comme le berceau de

---

[32] Située entre l'Antiquité et l'époque moderne.
[33] Cf. Berthold GOLDMAN, « Frontières du droit et Lex mercatoria », vol. 22/2009 *Revista de Arbitragem e Mediação*, pp.211- 230.

l'assurance moderne. La première loi qui gouvernait ce secteur est la loi maritime dans les années 1500, puis sur la vie émise en 1583, bien que la première table de mortalité fut conçue par le juriste romain Domitius Ulpianus pour bénéficier du contrat « cum moriar » ou rente viagère unitaire en cas de décès[34], mais faute d'instruments pour évaluer correctement le risque encouru, bon nombre d'assureurs qui offraient une assurance vie ont finalement échoué.
Cela a commencé à changer en 1693, lorsque la première table de mortalité moderne[35] a été cristallisée par l'astronome et mathématicien Edmund Halley.
Elle a été suivie par celle terrestre du risque de l'incendie. En 1666, le grand incendie à Londres a détruit plus de 13 000 bâtiments et de ce fait nombreux survivants se sont retrouvés sans-abri. En réponse à cet évènement désavantageux, des groupes d'assureurs qui s'occupaient exclusivement le marché de l'assurance maritime comme la compagnie Lloyd[36] ont proposé l'assurance incendie. Ces opérations d'assurance étaient, donc, le début de l'assurance moderne qui va se transformer à une norme dans les années 1700 et 1800 où elle est une partie

---

[34] Voir : « L'histoire du marché de l'assurance en France », vol. 81(1-2) mars- avril 2013 *Assurance et gestion des risques* 85-88.

[35] La table de mortalité est une méthode de calcul de la probabilité de décès d'une personne à partir de la durée écoulée entre sa naissance et le moment probable de son décès selon l'espérance de vie (la durée moyenne de la vie humaine). Voir : Jacques DUPAQUIER, *L'invention de la table de mortalité. De Graunt à Wargentin (1662-1766),* PUF, Paris, 1996, 177 p.

[36] L'histoire extraordinaire du Lloyd donne une bonne idée sur la dynamique du marché britannique de l'assurance. Edward Lloyd mettait à la disposition des armateurs, négociants et banquiers du papier, de l'encre et des plumes afin de matérialiser leur engagement de garantir l'expédition maritime.
Consulter en ligne le site officiel de la compagne Lloyds sur : < https://www.lloyds.com>.

intégrante du commerce et de la vie quotidienne des Britanniques.
Les premières compagnies d'assurance contre l'incendie, les accidents et maladies ainsi que l'assurance vie ont été juridiquement créées au Royaume-Uni au cours des années 1700 et la législation britannique est devenue le modèle des compagnies d'assurance du monde entier. Les compagnies d'assurance privées britanniques, techniquement avancées, dominaient rapidement le marché mondial en plein essor et elles restaient les leaders du domaine maritime pendant le XIXe (19) siècle. Les premières polices automobiles au Royaume-Uni ont été rédigées à l'époque de la course automobile originale de Londres à Brighton, qui a eu lieu le 14 novembre 1896. La compagnie *Scottish Employers Liability* était connue par ses offres d'une couverture les risques de dommages et contre la responsabilité civile individuelle[37].
Façonné par la révolution industrielle et le rôle de la Grande-Bretagne dans le commerce maritime international, le succès précoce des assureurs britanniques reflète toujours la manière dont ils opèrent depuis la loi sur l'assurance maritime « Marine Insurance Act » de 1906[38] » à la loi de 2015 « The Insurance Act de 2015[39] ». Tout comme les assureurs internationaux d'aujourd'hui, ils étaient bien financés par des capitaux privés, étaient axés sur le profit et

---

[37] *Infra.* p. 117et suiv.
[38] Disponible sur le site official les législations du gouvernement du Royaume uni de Grande-Bretagne : < https://www.legislation.gov.uk/ukpga/Edw7/6/41/data.pdf> (consulté le 8 juin 2023).
[39] Disponible sur le site official les législations du gouvernement du Royaume uni de Grande-Bretagne :<https://www.legislation.gov.uk/ukpga/2015/4/pdfs/ukpga_20150004_en.pdf>
(Consulté le 8 juin 2023).

utilisaient une approche actuarielle de la souscription[40]. Les compagnies d'assurance britanniques ont continué à se développer pendant l'évolution économique et technologique de l'après-guerre mondiale, mais à la fin du XXe (20) siècle, ils se repliaient largement sur le marché intérieur surtout que le marché unique de l'Union européenne était en pleine croissance et les marchés nationaux de l'assurance arrivaient à maturité.

Par ailleurs, dès l'année 1800, les assureurs britanniques ont commencé à s'intéresser à la réassurance[41] comme moyen d'éviter l'accumulation indésirable des risques, mais ce marché était moins étendu au niveau extérieur. Le marché international de la réassurance était plus développé en l'Allemand et en Suisse[42].

Toutefois, le marché de Londres est devenu le premier marché mondial pour les risques complexes et de grande valeur vu son expertise technique et son héritage des expériences internationales. Ce marché garde sa position d'être une des plateformes irremplaçables du secteur de l'assurance et reste un acteur clé sur la scène internationale. Un autre exemple anglo-saxon est les États-Unis d'Amérique où les assurances maritimes et de vie existaient sous le régime britannique jusqu'à 1776 où les compagnies Charleston Insurance et the South Carolina

---

[40] Pour comprendre globalement le fonctionnement de l'approche actuarielle de la souscription, voir : Institut des actuaires, *Fonction clé actuariat, Guide de bonne pratique pour répondre aux exigences de la Directive Solvabilité 2*, Paris, avril 2023. Disponible en ligne:< <https://www.institutdesactuaires.com/global/gene/link.php?doc_id=15141&fg=1> (consulté le 8 juin 2023).

[41] *Infra*. p. 41 et suiv.

[42] Voir sur le développement de l'assurance en Allemagne et la Suisse le lien électronique suivant : <https://www.histoiredelasecuritesociale.ch/synthese/1883-1884-1889>, <https://www.europaong.org/wp-content/uploads/2015/09/EUROPA-CEPSE-ALLEMAGNE.pdf>> (consulté le 11 juin 2023).

Insurance Company étaient créés dans l'État de Caroline du Sud, mais la première loi générale sur les assurances est celle de New York de 1849[43], suivie en1850 par la première assurance accident et maladie proposée par la « Franklin Health Insurance Company » du Massachusetts et en 1851, le gouvernement américain a institué la première agence officielle chargée de réglementer l'assurance aux États-Unis : « New Hampshire Agency »[44].

Concernant le système des pays civilistes, le développement était lent. La France en tant que source de l'approche civiliste, le concept de l'assurance était critiqué à cause des réticences de l'église à cette époque. Il fallait attendre l'an 1681 avec Colbert, le secrétaire d'État de la Marine, pour que l'activité d'assurance maritime soit

---

[43]Selon l'État de New York, département des services financiers, la loi sur l'assurance a été adoptée en 1849 pour contrôler les compagnies d'assurance par l'État par le dépôt des documents de constitution auprès du secrétaire d'État ainsi que leurs états financiers annuels pour vérifier leurs solvabilités.
Le département des assurances a été créé en 1859 et a commencé ses activités en 1860. Voir le lien électronique suivant : < https://www.dfs.ny.gov/our_history> (consulté le 11 juin 2023).

[44] Voir sur l'histoire de l'assurance américaine : Robert W. Klein, « *The Structure and Performance of the Insurance Industry » dans A Regulator's Introduction to the Insurance Industry,* 2nd Edition, Georgia State University, 2005, pp.81-103 et les liens électroniques suivants :
<https://www.iii.org/publications/insurance-handbook/brief-history#:~:text=1752%20The%20Philadelphia%20Contributionship%20for,the%20United%20States%2C%20was%20founded.//> ;< https://www.atlas-mag.net/article/historique-de-l-assurance-aux-etats-unis > (consulté le 12 juin 2023). Cf. John E. MURRA, *Origins of American Health Insurance : A history of industrial sickness Funds*, Yale Series in Economic and Financial History, 2007.

légiférée[45]. C'est l'ordonnance du 31 juillet 1681de la marine relative à la police des ports, côtes et rivages de la mer (dite ordonnance de Colbert)[46] et la Compagnie générale des assurances et grosse aventure[47] voit le jour par un décret royal de Louis XIV (14) en 1686. Si l'assurance maritime est la première assurance sous sa forme moderne, d'autres types d'assurance sont apparus par la suite. En 1786 est constituée la Société d'assurance générale contre l'incendie des frères Périer et la Compagnie d'assurance contre l'incendie de Clavière et Batz[48]. D'autres types d'assurance sont apparus postérieurement et notamment l'assurance vie au XVIIe et XVIIIe siècle avec les tontines[49]

---

[45] Avant la réforme de Colbert, c'était le recueil de droit maritime des Rooles (rôles) ou jugements d'Oléron qui influençait l'opération d'assurance en 1190 en France et après en l'Angleterre par la reine Aliénor d'Aquitaine. En effet, « Les rôles d'Oléron stipulent notamment que l'armateur doit couvrir le risque de maladies et d'accidents de ses marins », par Bertrand VENARD, « L'histoire du marché de l'assurance en France » vol. 81(1-2) mars-avril 2013 *Assurances et gestion des risques* 85-101. Disponible en ligne : < https://www.revueassurances.ca/wpcontent/uploads/2016/03/2013_81_no1_2_venart.pdf> (consulte le 9 juin 2023). Voir aussi « Aliénor d'Aquitaine et l'origine de l'assurance-maladie au XIIème siècle » sur <https://www.musee-assurancemaladie.fr/sites/default/files/users/user38/Roles%20d%27Oleron_article_m._rey.pdf> (consulté le 10 juin 2023).

[46] Disponible sur le lien électronique suivant : < https://gallica.bnf.fr/ark:/12148/bpt6k9606758r/f34.item> (consulté le 10 juin 2023).

[47] Référence de la compagnie est disponible sur le lien électronique suivant : https://francearchives.gouv.fr/facomponent/35869bd6d34235802efc0cbb8f80b951c2540e12 (consulté le 11 juin 2023).

[48] Disponible sur le lien électronique suivant : < https://www.index-assurance.fr/histoire-assurance#> (consulté le 11 juin 2023).

[49] La tontine était l'association de personnes pour la création des fonds pour une certaine durée. À l'issue d'une durée préalablement déterminée, l'association devient dissoute et les fonds étaient repartis entre les personnes concernées.

déjà connues en l'Italie par le financier italien Lorenzo Tonti en 1652.
Les premières tontines royales[50] sont permises à la fin du XVIIe siècle et plusieurs emprunts tontiniers sont lancés au cours du XVIIIe siècle. En 1770, les tontines royales sont transformées en rentes viagères[51] à taux fixe par un arrêt du Conseil du roi de France.
En 1787, la Compagnie royale d'assurance vie[52] est créée et, en 1788, un édit royal du 27 juillet contraint la Compagnie d'assurance contre les incendies à se diviser en deux branches : une contre l'incendie et l'autre sur la vie[53].
Dans la première moitié du XIXe siècle, plusieurs sociétés d'assurance ont vu le jour en France comme Assurances Générales, Phénix, l'Union, Soleil et Nationale[54].
La fin du XIXe siècle, la révolution sociale a permis de promulguer la loi du 9 avril 1898 sur les accidents de travail où le régime de responsabilité sans faute des employés leur procure l'indemnisation à la charge du chef d'entreprise en l'absence de prouver la faute de leur employeur et un

---

50 Thierry CLAEYS, « Les tontines royales en France, 1689-1759 », 2014/1 (N°1), *Revue française d'histoire économique*156-157. Disponible sur le lien électronique suivant : < https://www.cairn.info/revue-francaise-d-histoire-economique-2014-1-page-156.htm> (consulté le 14 juin 2023).

51 La rente viagère est toute somme payée périodiquement par l'assureur à titre des bénéfices en faveur de l'assuré ou le bénéficiaire d'un contrat d'assurance sur la vie pendant une durée déterminée ou à vie.

52 Disponible sur le site de la Bibliothèque nationale de France Gallica : <https://gallica.bnf.fr/ark:/12148/bpt6k62084098.texteImage> (consulté le 14 juin 2023).

53 B. VENARD, préc., note 45.

54 Par Atlas Magazine sur le lien électronique suivant : < https://www.atlas-mag.net/article/l-assurance-en-france-au-xixeme-siecle-l-avenement-du-marche>
(consulté le 14 juin 2023).

contrôle étatique des compagnies d'assurances[55] concernant les accidents causés dans les exploitations agricoles. Cette loi a été modifiée par les lois du 22 mars 1902 et 31 mars 1905 et par des décrets d'administration publique dans le but d'inclure toutes les exploitations commerciales. De plus, la nouvelle dynamique du transport terrestre des véhicules à moteur non liés à une voie ferrée ou par ses remorques et semi-remorques[56] en XXe siècle a accru la demande les contrats d'assurance contre les accidents de la circulation. Cependant, l'avènement de la sécurité sociale[57] en 1946 a réduit l'appel à l'assurance

---

[55] Loi du 9 avril 1898 sur les responsabilités des accidents dont les ouvriers sont victimes dans leur travail (Bulletin de l'Inspection du travail, n°2, 1898). Disponible en ligne sur : < https://travail-emploi.gouv.fr/IMG/pdf/Loi_du_9_avril_1898.pdf> (consulté le 16 juin 2023)

[56] *Infra.*, p.120 et suiv.

[57] Selon la définition juridique, la sécurité sociale est un service public de l'État qui garantit l'ensemble des risques sociaux des travailleurs, salariés des deux systèmes public et privé sur un territoire donné, ou comme les salariés détachés à l'étranger. La sécurité sociale sert à donner les prestations prévues par la réglementation de la sécurité sociale. L'État organise sa gestion par des organismes de droit privé qui, de ce fait, sont chargés d'une mission de service public. Ces organismes sont appelés « Caisses ». Elles sont placées sous la tutelle administrative et financière du ministère responsable de la sécurité sociale. Au Maroc, le régime de sécurité sociale est géré par la Caisse Nationale de Sécurité sociale qui est née avec la Caisse d'Aide Sociale en 1942 par le patronat afin de donner des allocations familiales aux travailleurs des grandes entreprises et des allocations aux femmes en cas de maternité.

En 1959, le régime de sécurité sociale va couvrir des salariés de l'industrie, du commerce et des professions libérales dans le but de protéger les assurés sociaux contre les risques de maladie, de maternité, d'invalidité et de vieillesse. Ce service étatique sert aussi pour les allocations familiales en cas de perte d'emploi et il attribue à leur ayants droit une allocation de décès et une pension de survivants.

privée d'où une perte considérable de son activité jusqu'à l'année1968, lorsqu'on commence à fusionner les sociétés d'assurance.

L'évolution internationale du marché des assurances n'a pas épargné le continent africain incluant le Maroc qui était une colonie française.

2. L'histoire de l'assurance au niveau nationale

L'histoire des assurances dans le sens moderne au Maroc date du protectorat français entre 1912-1956, puisque dans les pays musulmans comme bien sûr le Maroc cette pratique était interdite vu qu'elle était considérée comme l'usure, sauf que cette démarche financière était justifiée par l'arrivée des Français et des étrangers au pays. En effet, ce secteur économique du point de vue local restait peu compris par la majorité des Marocains à cause d'une marginalisation économico-sociologique[58] et théologique.

Entrée en vigueur le 1er avril 1961, ce régime a été étendu, aux secteurs de l'agriculture et de l'artisanat. Il a, par ailleurs, connu des améliorations et extensions des prestations proposées et la mise en place d'un réseau d'établissements sanitaires sous forme de polycliniques.

[58] La famille constituait un groupe social étendu, mais placé sous l'autorité du chef de famille comme c'était le cas chez les sociétés romaines où la tutelle du « Pater familias » obligeait tous les membres de la famille d'assumer les tâches qui leur sont attribuées par les usages et coutumes. C'est la famille agnatique traditionnelle qui maintient dans une commune plusieurs générations. En contrepartie, la mise en commun des ressources du groupe permettait d'assurer la subsistance des enfants, les personnes âgées, les malades et les incapables. La solidarité familiale garantissait la sécurité des individus et permettait de porter secours même à des collatéraux (tribu). Sur le plan économique et professionnel, l'activité d'artisanat était un secteur important et il existait des corporations organisées conformément à plusieurs

L'acceptation de ce concept de l'assurance se plaçait à mi-chemin entre deux théories, une qui contestait son existence et une autre qui était plus au moins modérée[59]. Pour les partisans de la première conception, ils soulignent que l'assurance est prohibée par l'islam du fait de la présence des contradictions entre les caractéristiques du contrat d'assurance et le respect de la religion musulmane[60]. La capitalisation en matière d'assurance demeure contestée en l'estimant comme un procédé usuraire, car elle fait appel aux intérêts composés[61]. Au contraire, les théologiens qui sont pour l'assurance, ils ont essayé de la réhabiliter en démontrant son utilité de répondre à des besoins légitimes de sécurité dans un monde en perpétuelle évolution. Selon cette pensée, il n'y a pas de contraste entre l'islam et

---

professions où résolument l'esprit de solidarité était présent. Ainsi, quand un membre de la corporation était lésé par un dommage ou un malheur, tous les membres venaient à son secours et à celui de sa famille. En effet, l'assurance vie était amplement appliquée à partir de l'entraide sous-jacente au système de groupe familial.

[59] Cf. Gilbert BEAUGÉ, « Les capitaux de l'islam - Chapitre 8. Islam et assurances » par Ernst Klingmüller, CNRS Éditions, p. 153-160. Disponible en ligne sur : < https://books.openedition.org/editionscnrs/871?lang=en#tocfrom1n1/> (consulté le 5 juillet 2023).

[60] La question de l'interdiction de l'usure, appelée « Riba », est dans la religion musulmane inévitable. L'usure signifie le surplus exigé du débiteur relativement au délai de remboursement qui lui a été octroyé, c'est tout simplement le paiement d'intérêts. Aussi, l'islam interdit l'aléa contractuel et la spéculation excessive (Gharar et Maysir).
Voir : Nabil KHOURY, « La condamnation de l'usure dans le Christianisme et dans l'Islam. » (2018) 85 (1-2) *Assurances et gestion des risques*, 1–25. Disponible en ligner:< https://doi.org/10.7202/1051314ar > (consulté le 20 aout 2023).

[61] Les intérêts qui s'ajoutent à un capital de façon continue, à chaque nouvelle période. La formule de placement d'un capital en argent est de calculer le capital initial (C°) pour une période donnée d'années (N) selon un intérêt convenu dans le contrat de placement comme 5%, 10% ou plus.

l'assurance considérée comme un système organisé en mutualité. L'assurance répond à cette nécessité de solidarité sociale qui fut l'une des bases de toute société musulmane. Tant et si bien que le législateur lui a donné le statut juridique d'une obligation.
L'acceptation progressive du système technique[62] de l'assurance au sein de la société marocaine prévoyait une codification réticente par l'Arrêté viziriel de 28 novembre1934[63] sur les contrats d'assurance terrestres, promulgué par le grand Vizier sur délégation du sultan, puisque la personne du sultan en tant qu' « Amir El Mouminine » ou commandeur des fidèles musulmans ne lui permettait pas de légiférer sur la matière, spécialement que cet Arrêté est similaire à la loi française du 13 juillet 1930[64] à l'exception de quelque différences. La loi marocaine concernait seulement les assurances terrestres à l'exclusion de l'assurance-crédit. Aussi, jusqu'en 1956[65], l'Arrêté n'était applicable qu'en zone sud du Maroc sous

---

[62] *Infra*. p. 43 et suiv.

[63] Voir : *Dahir du 28 novembre 1934 (20 chaabane 1853) conférant au Grand Vizier un pouvoir général de réglementation sur tout ce qui concerne les assurances,* Bulletin official de l'Empire chérifien sous protectorat de l'État français au Maroc, *n°1155 du 14 décembre 1934, p. 1246/ Arrêté viziriel relatif au contrat d'assurance, Id., p.1217/ Arrêté viziriel relatif aux entreprises d'assurances, de capitalisation et d'épargne, Id, p. 1255/ Arrêté viziriel relatif aux contrats passés entre les compagnies d'assurances et leurs agents de la zone française du Maroc, Id,* p. 1257/*Arrêté du secrétaire général du Protectorat déterminant le modèle du registre des oppositions et du répertoire des oppositions en cas de perte, de destruction ou de vol de polices d'assurances sur la vie, de bons ou de contrats de capitalisation ou d'épargne*, *Id,* p.1257.

[64] Voir : le Bulletin official de la République française n°168 du 18 juillet 1930, p. 8003.

[65] Cf. Charles-Andres JULIEN, *Le Maroc face aux impérialismes1415-1956*, Éditions J-A.,1978.

dépendance française[66]. Dans les autres régions du

---

[66] Voir : *Arrêté du directeur des finances du 10 février 1950 portant agrément de la société d'assurances « Compagnie métropolitaine d'assurances sur la vie » pour pratiquer en zone française du Maroc diverses catégories d'opérations d'assurances*, Bulletin official l'Empire chérifien sous protectorat de l'État français au Maroc n°1948 du 24 février 1950, p. 215/ *Arrêté du directeur des finances du 28 mars 1950 portant agrément de la société d'assurances « Mutuelle générale française-Accidents » pour pratiquer en zone française du Maroc diverses catégories d'opérations d'assurances*, Bulletin du protectorat français n°1955 du 14 avril 1950, p. 434/ *Arrêté du directeur des finances du 5 juin 1950 portant agrément de la société d'assurances « La Compagnie africaine d'assurances » pour pratiquer en zone française du Maroc diverses catégories d'opérations d'assurances*, Bulletin official l'Empire chérifien sous protectorat de l'État français au Maroc n°1964 du 16 juin 1950, p.796/ Arrêté du directeur des finances du 21 septembre 1950 portant agrément de la société *d'assurances Gresham Fire and Accident Insurance Society Limited» pour pratiquer en zone française du Maroc des opérations d'assurances*, Bulletin official l'Empire chérifien sous protectorat de l'État français au Maroc n°1979 du 29 septembre 1950, p. 1247/*Arrêté du directeur des finances portant agrément de la société d'assurances « La France maritime et continentale » pour pratiquer en zone française du Maroc des opérations d'assurances*, Bulletin official l'Empire chérifien sous protectorat de l'État français au Maroc n°1080 du 6 octobre 1950, p. 1273/*Arrêté du directeur des finances du 17 novembre 1950 portant agrément de la société d'assurances « La Providence-Incendie » pour pratiquer en zone française du Maroc certaines opérations d'assurances* et *Arrêté du directeur des finances du 21 novembre 1950 portant approbation du transfert de la société d'assurances « La Providence-Incendie » de la totalité du portefeuille de contrats d'assurances, constitué en zone française du Maroc, de la société d'assurances « La Providence nord-africaine »*, Bulletin official l'Empire chérifien sous protectorat de l'État français au Maroc *n°1988 du 1 décembre1950,* p.1485/*Arrêté du directeur des finances du 22 janvier 1951 portant agrément de la société d'assurances « L'Industrielle du Nord » pour pratiquer en zone française du Maroc certaines opérations d'assurances*, Bulletin du protectorat français n° 1997 du 2 février 1951, p. 153/ *Arrêté du directeur des finances du 28 janvier 1951 portant approbation du transfert la société d'assurances*

royaume, c'était le droit commun qui s'appliquait mis à part quelques dispositions qui réglementaient l'assurance accidents de travail[67].

Cette nouvelle conjoncture a donné l'établissement des sociétés étrangères avec l'avènement de la Première Guerre mondiale, où on assiste à la création à Tanger d'une compagnie d'assurances maritimes et de guerre « le Maroc » en 1916, dissoute en 1920.
En effet, au niveau maritime, sous protectorat français, on promulgue le Code maritime du 31 mars 1919[68] qui est toujours en vigueur jusqu'à aujourd'hui[69].

« L'Alsacienne » de la localité du portefeuille de contrats d'assurance, constitue zone française du Maroc, de la société d'assurances « Nord-Afrique », Bulletin du protectorat français n°1997 du 2 février 1951, p. 153/ *Arrêté du directeur des finances du 29 janvier 1951 portant agrément de la société d'assurances « Ancienne Mutuelle-Accidents » pour pratiquer en zone française du Maroc certaines opérations d'assurances*, Bulletin du protectorat français n°1997 du 2 février 1951, p. 153/*Arrêté du directeur des finances du 6 février 1951 portant agrément de la société d'assurances « General Accident Fire and Life Assurance Corporation Limited » pour pratiquer en zone française du Maroc certaines opérations d'assurances*, Bulletin official l'Empire chérifien sous protectorat de l'État français au Maroc, n°1999 du 16 février 1951, p. 235.

[67] *Infra.* p. 147 et suiv.

[68] Bulletin du protectorat de la République française n°344 du 20 mai 1919, p. 478.

[69] Le Code maritime marocain a subi quelques modifications d'où récemment le Dahir n°1-16-47 du 27 avril 2016 portant promulgation de la loi n°46-12 concernant l'introduction de la technologie de l'information et les mesures de sécurité de navigation et les sanctions applicables en cas d'inobservation des règles en vigueur ainsi que les mesures conservatoires et exécutives en cas de saisie du navire, sauf qu'il reste un Code avec les lacunes de fond et de forme, sachant que l'uniformisation les lois maritimes est nécessaire d'où les conventions internationales adoptées par le Maroc.

Toutefois, la deuxième guerre mondiale entre 1939 et 1945 a été la cause de l'apparition de 23 compagnies d'assurances où les actionnaires sont majoritairement des étrangers, mais c'est en 1941 que le marché des assurances locales pour les risques nationaux a vraiment vu le jour et a été institutionnalisé par l'Arrêté viziriel du 6 septembre 1941[70] et permettait ainsi de soustraire l'assurance des risques marocains aux sociétés étrangères.

En 1949, la société Royale Marocaine d'Assurances a été créée avec la participation de capitaux marocains et 315 compagnies sont activées dans le marché marocain d'assurance en 1958 dont 25 de nationalité marocaine avec la réalisation en 1960 de deux compagnies : « Compagnie Nord-africaine et Intercontinentale d'Assurances[71] » (C.N.I.A.) et « Société Centrale de Réassurance[72] »

Voir : Hind ADIL, « Les recommandations réformistes et l'identité du Code maritime MAROCAIN : une loi confuse », Journal Les Inspirations Eco, lundi 2 novembre 2020, p.13 ; H. ADIL, « Les recommandations réformistes et l'identité du Code maritime MAROCAIN : la modernisation du Code confirme son identité marocaine », Journal Les Inspirations Eco, mardi 17 novembre 2020, p. 26.

[70] Voir : *Arrêté viziriel du 6 septembre 1941 (13 chaabane 1860) relatif à l'assurance obligatoire des véhicules automobiles sur route,* Bulletin official de l'Empire chérifien sous protectorat de l'État français au Maroc, n°1510, du 3 octobre 1941, p.968 *; Arrêté du directeur des finances relatif à l'établissement des "quittances de primes d'assurance automobile, Id, p. 941 ; Arrêté viziriel unifiant le contrôle de l'État sur les entreprises d'assurances, de réassurances et de capitalisation, Id.*, p. 968.

[71] Voir : *Arrêté du vice-présent du conseil, ministre des Finances du 17 décembre 1959 portant agrément de la société d'assurances « Compagnie nord-africaine et intercontinentale d'assurance »,* Bulletin official du Royaume du Maroc n°2462 du 1er janvier 1960, p.10.

[72] Voir : *Dahir n°1-60-085 du 23 chaoual 1379 (20 avril 1960) approuvant la convention passée le 9 mars 1960 en vue de la création*

(S.C.R.) incluant la participation de l'État par l'intermédiaire de la Caisse de Dépôt et de Gestion, mais graduellement le nombre des sociétés d'assurance a diminué à cause de la réglementation nouvelle en 1965[73] qui oblige ces compagnies à atteindre au minimum un million de dirhams, au plus tard en 1968, sous peine de retrait d'agrément[74].

Pour cette raison, le nombre des compagnies est passé à 54 en 1970 et à 32 en 1973 avec le Dahir du 2 mars relatif à la marocanisation[75] de certaines activités dont le secteur des assurances qui ne peuvent être exercées et vendues que par les nationaux, sauf convention internationale dûment publiée au bulletin officiel. Le délai pour la marocanisation

---

de la Société centrale de réassurance et portant obligation de cession à cette société d'une part des primes perçues par les organismes d'assurances, Bulletin officiel du Royaume du Maroc n°2478 du 22 avril 1960, p.843/*Arrêté du ministre de l'Économie nationale et des Finances n°1080-60 du 2 décembre 1960 fixant les conditions des réassurances légales obligatoires auprès de la Société centrale de réassurance,* Bulletin officiel du Royaume du Maroc n°2514 du 30 décembre 1960 p. 2164/ *Décret n°2-60-261 du 23 chaoual 1379 (20 avril 1960)fixant les conditions d'application du Dahir du 23 chaoual 1379 (20 avril 1960) portant obligation de cession à la Société centrale de réassurance d'une part des primes perçues par les organismes d'assurances,* Bulletin officiel du Royaume du Maroc n°2485 du 10 juin1960, p.1147.

[73] Voir : *Arrêté de sous-secrétaire aux finances n°105-65 du 5 mars 1965 relatif aux cautionnements et aux réserves exigibles des sociétés d'assurance, réassurances et capitalisation*, Bulletin official marocain, édition Franco-Espagnole, n°2734 du 24 mars 1965, p. 313.

[74] Voir sur les conditions actuelles de l'agrément d'assurance, *l'Arrêté du ministre des Finances et de la privatisation n° 2241-04 du 27 décembre 2004 relatif à la présentation des opérations* d'assurances, Bulletin officiel marocain n° 5292 du 17 février 2005.

[75] Voir : *Dahir portant loi n°1-13-213 du 2 mars 1973 relatif au transfert à l'État de la propriété des immeubles agricoles ou à vocation agricole appartenant aux personnes physiques étrangères ou aux personnes morales*, Bulletin official marocain, Édition Franco-Espagnole, n°3149 du 15 mars 1973, p. 391.

du secteur a pris fin le 30 septembre 1974 pour les intermédiaires d'assurance et le 31 mai 1975 pour les entreprises d'assurance. Remarquablement, 27 sociétés d'assurance restaient dans le marché vers la fin de 1975. À la fin des années 80, le nombre des entreprises se rétrécit. Aujourd'hui, on compte 20 compagnies de ce secteur comme Wafa Assurance[76], Royale Marocaine d'assurance[77] (R.M.A), Mutuelle Taamine Châabi[78], Sanlam Maroc[79], Axa Assurance Maroc[80], AtlantaSanad[81], Marocaine Vie[82], Mutuelle Agricole Marocaine d'Assurances[83] (M.A.M.D.A/M.C.M.A.), Allianz assurance Maroc[84], Allianz Trade[85], Maroc Assistance

---

[76] Cette compagnie d'assurance est une filiale du groupe Attijariwafa Bank. Voir en ligne : < https://www.attijariwafabank.com/fr/marques-et-filiales-marocaines/wafa-assurance#.> (consulté le 20 aout 2023).

[77] La compagnie Royale Marocaine d'Assurance est la fusion en 2004 de deux compagnies d'assurance Royale Marocaine d'Assurance de 1949 et celle de l'Al Watanya.

[78] Voir : site officiel disponible sur :< https://www.mamda-mcma.ma/fr/mutuelle-taamine-chaabi > (consulté le 20 aout 2023).

[79] Autrefois, on parle de Compagnie Nord-africaine et Intercontinentale d'Assurance de 1949 devenue Saham Assurance en 1995. Voir : site officiel disponible sur : < https://sanlam.ma/fr/> (consulté le 20 aout 2023).

[80] Voir : site officiel disponible sur : < https://www.axa.ma> (consulté le 20 aout 2023).

[81] Voir : site officiel disponible sur :< https://www.atlantasanad.ma > (consulté le 20 aout 2023).

[82] Voir : site officiel disponible sur : < https://www.lamarocainevie.com> (consulté le 20 aout 2023).

[83] Voir : site officiel disponible sur :< https://www.mamda-mcma.ma/fr> (consulté le 20 aout 2023).

[84] Voir : site officiel disponible sur : < https://www.allianz.ma/fr_MA/particuliers.html> (consulté le 20 aout 2023).

[85] Le nom de la compagnie d'assurance-crédit d'Allianz Trade était avant 2022 Euler Hermès ACMAR qui a pour objectif la protection du poste client des entreprises grâce à ses trois services indissociables : la

Internationale, Africa First Assistance, Wafa Ima Assistance, R.M.A Assistance[86], Coface Maroc[87], Axa Assistance[88], Smaex.

En résumé, l'évolution de la société marocaine dans un cadre de régime libéral, où le changement de la structure socio-économique (les producteurs, les distributeurs et consommateurs) demande la prévention des risques, a permis l'expansion des opérations d'assurance.

De plus, cette diminution du nombre d'assureurs aujourd'hui s'explique par la concentration de plus en plus grande dans ce secteur. Certains assureurs ont préféré de procéder à des fusions par mesure de réaliser des économies d'échelle.

---

prévention du risque client, le recouvrement et l'indemnisation des créances commerciales impayées. Le site officiel disponible sur : < https://www.allianz-trade.com/fr_MA/decouvrir_allianz_trade/allianz-trade-morocco.html> (consulté le 20 aout 2023).

[86] Voir : site officiel disponible sur : < http://www.rmaassistance.com> (consulté le 20 aout 2023).

[87] Voir : site officiel disponible sur : < https://www.coface.com/fr/Le-groupe/Notre-histoire>, (consulté le 20 aout 2023).

[88] Voir : site officiel disponible sur : < https://www.axa.ma> (consulté le 20 aout 2023).

Tableau récapitulatif de l'évolution du marché des assurances au Maroc

Date	Les évènements
1921-1956	Protectorat français et l'arrivée des Français et des étrangers au Maroc→ l'établissement des sociétés étrangères avec l'avènement de la Première Guerre mondiale
1916	La création à Tanger d'une compagnie d'assurances maritimes et de guerre « le Maroc »
1920	La dissolution de la compagnie d'assurances maritimes et de guerre « le Maroc »
1939-1945	Deuxième (2e) Guerre mondiale
1941-1951	23 compagnies d'assurances étrangères
1958	315 compagnies sont activées dans le marché marocain d'assurance (25 de nationalité marocaine).
1960	Deux compagnies la compagnie nord-africaine et intercontinentale d'assurance « C.N.I.A » et la Société Centrale de Réassurance (S.C.R) avec la participation de l'État par l'intermédiaire de la Caisse de Dépôt et de Gestion (la participation de l'État par l'intermédiaire de la Caisse de Dépôt et de Gestion
1965-1968	Ces compagnies doivent atteindre au minimum un million de dirhams, sous peine de retrait d'agrément.
1970	Le nombre de compagnies est passé à 54
1973	32 sociétés
1975	27 sociétés
Aujourd'hui→	20 compagnies : Wafa Assurance, Royale Marocaine d'assurance (RMA), Mutuelle Taamine Chaabi, Saham Assurance, Axa Assurance Maroc, AtlantaSanad, La Marocaine Vie, MCMA,

	Allianz Assurance Maroc, MAMDA, Maroc Assistance Internationale, Africa First Assistance, Wafa Ima Assistance, Allianz Trade (Euler Hermes ACMAR), RMA Assistance, Coface Maroc, Axa Assistance, Smaex

Évidemment, le développement des opérations d'assurance au niveau international et national a automatiquement influencé l'évolution des lois en vigueur. Avant le XXe siècle, précisément l'année 1930, l'assurance était soumise au droit commun, sauf concernant les contrats d'assurance accidents de travail qui sont régis par le droit commercial et les lois dispersées[89].

Le changement de vision était senti avec les abus du plus fort économiquement, c'est-à-dire l'assureur au niveau du globe. Donc, les législateurs nationaux sont intervenus selon les différentes branches d'assurance pour permettre un bon climat d'affaires.

Au Maroc, c'était le même sort, à l'exception des dispositions de la pratique courante aux assurances maritimes contenues dans le Dahir formant Code de commerce maritime de 1919. Il n'existait aucun texte organisé spécialement et régissant l'assurance terrestre. Par voie de conséquence, le contrat d'assurance relevait du droit commun. Mais, le 28 novembre 1934, un arrêté viziriel et non le dahir du Sultan qui a donné à la loi française du 13 juillet 1930 régissant le contrat d'assurance un effet légal au Maroc. L'Arrêté viziriel du 28 novembre 1934 est resté inchangeable. Après cet Arrêté, l'évolution était ressentie graduellement par plusieurs textes comme l'Arrêté Viziriel du 6 septembre 1941 (modifié par le Dahir du 20 octobre 1969) relatif à l'assurance obligatoire des

[89] Les lois sur les assurances terrestres suivaient le droit commun en principe et les assurances de transport étaient soumises au Code de commerce.

véhicules à moteur non lié à une voie ferrée, ou par ses remorques ou semi-remorques, l'Arrêté de la Direction des Finances du 20 mars 1942 relatif aux polices d'assurance terrestres, le Dahir du 9 octobre 1977 relatif à la présentation des opérations d'assurances, de réassurance et/ou de capitalisation et à l'exercice de la profession d'intermédiaire d'assurances jusqu'au 7 novembre 2002, date d'entrée en vigueur de la loi n°17-99 portant Code des assurances qui attribue l'autonomie juridique aux opérations assurance.

Le Code des assurances a fourni une certaine harmonisation de l'opération d'assurances concernant l'assurance terrestre et une certaine transparence sur les différentes activités des intervenants ainsi qu'une compatibilité assez ressentie avec les lois parallèles. En effet, les risques légaux reliés aux changements réglementaires sont moins fréquents et l'assuré est plus confiant au regard de la solvabilité de son cocontractant.

Il ne faut pas oublier la nouvelle catégorie de l'opération d'assurance qui est compatible avec les principes de la loi islamique dite l'assurance Takaful.

L'arrière-plan de cette assurance est l'introduction au Maroc en 2007-2008 par la Directive de Bank Al Maghrib des produits financiers islamiques « Ijara, Moucharaka et Mourabaha »[90]. Cependant, l'assurance dite Takuful est instaurée par la loi n° 59-13 du 25 aout 2016 et la loi n° 87-18 du 9 aout 2019 modifiant et complétant le Code des assurances.

Donc, le consommateur marocain peut choisir entre deux

[90] Conseil déontologique des valeurs mobilières, *La finance islamique*, 2011. Disponible sur : <www.CDVM.gov.ma> (consulte le 22 aout 2023).

options : l'assurance conventionnelle et celle islamique[91]. Pour comprendre leur différence et bien saisir les bases juridiques de l'opération d'assurance, il est essentiel d'étudier les bases techniques de cette pratique.
Par ailleurs, l'assurance maritime et celle aérienne sont soumises à des régimes distincts à cause de leur aspect international où les conventions internationales jouent un rôle important pour la conclusion de ces contrats.

---

[91] L'assurance conventionnelle est fondée sur une relation bipartite entre l'assuré et la société d'assurances. Cependant, l'assurance Takaful est une relation triangulaire qui se compose de trois intervenants : le participant, le fonds Takaful et la société d'assurance Takaful en tant que gestionnaire du fonds.

Partie I- Les bases techniques et juridiques de l'opération d'assurance

En sachant que l'ampleur économique de l'assurance est le besoin de sécurité contre le hasard, les bases techniques de l'opération d'assurance donnent une efficacité au niveau de la gestion du risque aléatoire (chapitre I), mais seules les bases juridiques prouvent le respect du processus de l'opération d'assurance (chapitre II).

Chapitre I- Les bases techniques de l'opération d'assurance

L'opération d'assurance qui est basée sur la mutualité des risques dépend logiquement du principe vital de division des risques. Ce principe économique demande plusieurs éléments essentiels : le risque, la prime et sa détermination, la prestation de l'assureur, compensation versus la mutualité, la loi des grands nombres, la loi de l'homogénéité des risques et les techniques de division des risques.

1. Le risque

Le risque désigne l'objet assuré. C'est l'évènement dommageable contre lequel on cherche à se prémunir. Tous les évènements ne sont pas assurables. Il est nécessaire de faire la distinction entre « risque pur » et « risque spéculatif ». Le risque pur implique l'absence de chance de gain économique et l'incertitude quant à la survenance d'une perte financière. Le risque spéculatif porte sur une chance de gain ou de perte et, en théorie, n'est pas assurable. Le jeu est un exemple de risque spéculatif[92].

En effet, seuls les évènements ayant trois caractères peuvent être assurés : l'évènement doit être futur, incertain et indépendant de la volonté de l'assuré et aussi quand l'évènement est certain, mais la date de survenance est inconnue[93], puisque la faute intentionnelle ou une

[92] Robert W. KLEIN, *A Regulator's Introduction to the Insurance Industry,* National Association of Insurance Commissioners, Georgia State University, 2005, p.62.

[93] Voir : Andréas NOVEMBER et Valérie NOVEMBER, « Risque, assurance et irréversibilité » (2004) XIII-130 *Revue européenne des sciences sociales*, 161-179. Disponible sur :< https://journals.openedition.org/ress/475 > (consulté le 15 sept. 2023).

négligence donne l'enrichissement sans cause. L'assurabilité du risque pour l'assureur doit être quantifiable. Les pertes devraient être facilement déterminables. L'absence de probabilités rend le risque inassurable. Donc, la fréquence enlevée du risque ne peut pas être dans la sphère de la mutualité[94].
Les outils mathématiques[95] sont employés en assurance pour mesurer et faire une comparaison entre les risques afin de déterminer la prime.

2. La prime ou cotisation

Rappelant que la prime ou cotisation[96] est la contribution que verse l'assuré ou le participant à l'assureur en échange de la garantie qui lui est accordée. La prime doit être économiquement réalisable. Elle est payable au moment de l'opération d'assurance. Quand il s'agit d'une société

---

[94] En économie, la gestion du risque passe par l'analyse des facteurs contribuables au risque qui sont les suivants : élément politique, économique, social, technologique, légal et environnemental. En abrégée est PESTEL (en anglais : political, economic, sociological, technological, legal and environmental). Dans ce sens, une entreprise doit identifier ces éléments actuels et futurs possibles afin d'opérer dans un marché donné et de savoir comment collecter les bonnes sources d'information afin d'analyser correctement les problèmes envisageables et cerner les différentes options commerciales possibles pour les résoudre. Cela donne les mesures de surveillance à considérer selon chaque secteur de l'économie.

[95] Cf. Pierre-Emmanuel THÉROND, *Mesure et gestion des risques en assurance : : analyse critique des futurs référentiels prudentiels et d'information financière*, thèse de doctorat, Lyon, Université Claude Bernard – Lyon 1, 2007. Disponible en ligne : < https://theses.hal.science/tel-00655896/document> (consulté le 15 sept. 2023).

[96] On dit cotisation quand l'assuré est aussi un assureur, c'est-à-dire un membre actif dans un fonds d'assurance.

mutuelle ou à forme mutuelle[97] où l'assuré est sociétaire, la prime s'appelle « cotisation »[98]. En principe, la contribution du souscripteur est déterminée à forfait, c'est-à-dire elle est fixe, exception faite une indexation[99] convenue entre l'assureur et l'assuré. Concernant les sociétés mutuelles, le système de cotisation est pratiquement variable selon les circonstances du sinistre[100]. Le paiement d'une cotisation peut être complémentaire si le sinistre est plus élevé que la cotisation et par ristourne en cas contraire en remboursant la différence qui reste après le règlement du sinistre.

---

[97] Voir : Alain TEMPELAERE, *Les mutuelles d'assurances en France et dans le monde,* Paris, Economica, 2001.

[98] Voir : Florence MILLET, *La notion de risque et ses fonctions en droit privé,* Paris, LGDJ, 2001.

[99] L'indexation est une technique économique d'ajustement des prix en considérant la valeur d'une prestation en fonction de l'évolution d'une ou plusieurs données économiques. Dans un contrat, le concept économique est intégré par la clause dite clause d'échelle mobile dite aussi clause d'indexation comme une clause de révision du contrat où le montant d'une obligation financière versé par l'une des parties varie en fonction des fluctuations d'un indice de référence d'ordre économique ou monétaire. Ces clauses se trouvent généralement dans des contrats à exécution successive. En assurance, cette clause est appliquée habituellement en assurance de dommage pour faire changer à des intervalles réguliers la cotisation, les montants de garanties et les franchises selon d'un critère de référence ayant automatiquement un lien avec le risque assuré. *Cf* Cf. Didier LLUELLES, « La révision du contrat en droit québécois » (2006)*36* (1) *Revue générale de Droit* 25–67.

[100] Il faut distinguer entre le principe moderne d'équité et celui de solidarité qui fondait historiquement la mutualité. Voir : Patricia TOUCAS-TRUYEN, *Histoire de la mutualité et des assurances. L'actualité d'un choix,* Paris, Syros, 1998, p.171; Paul ESMEIN, « Les mutuelles d'assurance : investisseurs privilégiés du long terme » (2019) 2 (134) *Revue d'économie financière* 61.

3. La prestation de l'assureur

Le mot « prestation » est un terme générique de la somme d'agent versée dans le cadre d'une assurance de personne, par opposition, au terme « indemnité » qui est réservé au seul domaine des assurances de dommages.
Sans doute, il faut distinguer entre deux sortes de prestations, il y a celles qui sont déterminées après l'arrivée du sinistre (les indemnités) et celles qui sont déterminées à la souscription du contrat, c'est-à-dire avant la survenance du sinistre par le versement d'un capital, ou d'une rente ou encore d'une somme de x dirhams par mois (prestations forfaitaires). Donc, les assurances de dommages sont soumises à un principe essentiel, celui d'indemnisation. La prestation de l'assureur ne peut pas excéder le préjudice réel subi par l'assuré. À l'inverse, les assurances de personnes sont soumises au principe forfaitaire, excepté l'assurance des frais de soin médical[101].
Il faut ajouter que le versement d'une prestation n'est pas toujours limité au paiement d'une somme d'argent. C'est le cas par exemple du service de réparation d'une chose assurée.

4. La compensation et la mutualité

La mutualité repose sur la participation de chaque souscripteur par le versement de sa cotisation pour un risque particulier sans savoir si c'est lui ou une autre personne qui en bénéficiera. Tout dépend de quelle personne a subi ce dommage[102].
Par voie de conséquence, la mutualité en assurance est

---

101 *Infra.*, p. 157 et suiv.

102 Voir : André BÉLANGER et Joëlle MANEKENG TAWALI, « Le spectre de la mutualité dans le contrat d'assurance » (2009) 39 *Revue générale de droit* 297-328.

l'organisation au préalable de la solidarité entre les assurés contre les évènements probablement futurs, mais après le sinistre. Cette solidarité donne trois résultats selon la forme du risque : quand il s'agit l'aggravation du risque, la cotisation est plus élevée et elle est mois en cas de diminution du risque, sauf en cas de fraude concernant les déclarations de l'assuré où plusieurs sanctions légales sont encourues[103].

5. Les statistiques ou la loi des grands nombres

La loi des grands nombres est la méthode mathématique qui domine les statistiques en économie et elle sert à donner dans le temps présent la probabilité[104] d'un évènement futur. Cette probabilité en assurance s'appelle « la fréquence », car la probabilité des sinistres dépend de deux choses : la fréquence des sinistres et leur gravité. De plus, les statistiques donnent le coût moyen d'un sinistre en indiquant le nombre des sinistres et leurs coûts[105]. De nombreuses méthodes statistiques[106] existent pour sectoriser les sinistres. En effet, il faut étudier les états annuels et trimestriels et faire des enquêtes sur les résultats

---

[103] *Infra.,* p. 68 et suiv.

[104] Pour comprendre l'histoire des probabilités et théorie de rationalité, Cf. James FRANKLIN, *The science of conjecture : evidence and probability before Pascal*, the Johns Hopkins University Press, Baltimore & London, 2001.

[105] Voir sur les statistiques sectorielles de l'assurance au Maroc : < https://www.acaps.ma/fr/statistiques/statistiques-sectorielles-assurance> (consulté le 15 sept. 2023).

[106] Cf. Antoine PAGLIA et Martial V. PHELIPPE-GUINVARC'H, « Tarification des risques en assurance non-vie : une approche par modèle d'apprentissage statistique », Euro-Institut d'Actuariat – Groupama (2011) Vol 11, n°22 *Bulletin français d'a*ctuariat 49 – 81. Disponible en ligne:< http://www.ressources-actuarielles.net/EXT/IA/sitebfa.nsf/0/5553E9833B528C40C1257939002AAF04/$FILE/22_Article2.pdf > (consulté le 16 sept.2023).

comptables portant sur l'ensemble du marché des assurances[107].

6. La détermination des différentes cotisations

Il y a trois sortes de prime : 1) La cotisation pure, dite technique ou d'équilibre d'un risque qui est la prime ou la somme financière nécessaire permettant à l'assureur de régler les sinistres selon la mutualité des assurés. 2) La cotisation nette ou commerciale du risque qui est la prime pure avec les charges de gestion de l'opération d'assurance. 3) La cotisation totale qui est la somme effectivement payée par le souscripteur qui englobe les frais accessoires et les taxes.

Tableau récapitulatif des distinctes cotisations

Les distinctes cotisations	Calcul du risque
Cotisation pure	Fréquence x cout moyen
Cotisation nette	Cotisation pure+ charges de gestion
Cotisation totale	Cotisation nette+ frais accessoires+ taxes

7. La loi l'homogénéité des risques

On sait que les activités économiques nécessitent la production pour fonctionner dans un marché donné et le service des assurances est une partie prenante. Donc, le principe qui motive la production est l'homogénéité des risques qui se traduit par la sélection des risques. Il faut faire

[107] Voir : Arrêté n°1438.01 (version arabe) du 10 joumada I 1422 (31 juillet 2001) relatif aux états statistiques et financiers exigibles des sociétés mutuelle, Bulletin official marocain n°4947 du 29 octobre 2001, p. 3663.

une classification du risque dans des catégories de tarif bien déterminée. Aussi, il est indispensable de proposer un tarif majoré pour des risques qui sont plus graves que la normale. En effet, la couverture des risques sûrs est refusée. Par exemple, un incendie dans une usine de produits inflammables est inassurable sans faire les mesures obligatoires de protection. Aussi, le cas connu des personnes qui y ont une maladie grave avant la conclusion d'un contrat d'assurance contre les risques de la vie.

8. Le principe de division des risques

Le principe de division des risques en assurance sert à sécuriser le concept de mutualisation des risques en évitant les coûts élevés d'un risque assuré. Dans ce sens, l'assureur utilise deux méthodes de prévention : premièrement, la coassurance qui consiste à partager proportionnellement un même risque entre plusieurs assureurs[108].
En pratique, on recourt à une seule police dite « police collective à quittance unique » qui inclut une annexe réservée à la répartition du risque entre les différents assureurs. De plus, dans cette annexe, on donne le nom du coassureur chargé de représenter les autres coassureurs dans les relations avec leur client. On l'appelle l'apériteur.
Deuxièmement, la réassurance qui est une opération par laquelle une société d'assurance (la cédante) s'assure elle-même auprès d'une autre société (le réassureur ou le cessionnaire) pour une partie des risques qu'elle a pris en charge afin de réduire les probabilités qui peuvent mettre la compagnie d'assurance en faillite. L'exemple éloquent est les pertes à cause des catastrophes naturelles. Pareillement,

[108] Au niveau juridique, le souscripteur connait tous les coassureurs et a le droit de poursuivre en justice chacun d'eux et chaque coassureur n'est tenu qu'à concurrence du pourcentage qu'il a accepté. On appelle ce pourcentage « quote part ».

ce principe limite les résultats de déséquilibre financier en ayant une capacité financière élevée pour la souscription des contrats d'assurance.

Le contrat de la réassurance s'appelle un traité de réassurance[109], c'est-à-dire l'écrit qui matérialise le contrat de réassurance et fixe les engagements de chaque partie (le cédant et le cessionnaire).
Il y a deux formes du contrat de réassurance. En premier lieu, la réassurance obligatoire et en deuxième lieu la réassurance facultative.
La réassurance obligatoire est celle où les négociations entre l'assureur et le réassureur arrivent à la conclusion de leur traité.
Quant à la réassurance facultative, elle ne se négocie pas de façon globalisante. Les contrats sont étudiés et acceptés cas par cas, risque par risque. L'assureur est libre de céder ou pas tout ou partie des risques qu'il a pris en charge[110] et le réassureur est aussi souverain pour accepter ou non l'offre de l'assureur selon les négociations des risques cas par cas. De toute évidence, cette réassurance est pratiquement peu utilisée étant donné que sa gestion est complexe au niveau administratif et comptable, mais l'assureur peut l'opter

[109] Au niveau historique, la première forme de réassurance était celle facultative selon chacun risque (cas par cas) et le réassureur était libre de les accepter ou non, mais le développement de la gestion de la pratique de réassurance de cas par cas a donné la forme de la réassurance par traité (la cession obligatoire et l'acceptation obligatoire de tous les risques de la convention conclue entre l'assureur et le réassureur. Voir : Rapport de CNUCED, problèmes de réassurance dans les pays en voie de développement (TD/B/C.3/106/Rev.1), 1973. Disponible en ligne sur : <https://unctad.org/system/files/official-document/tdbc3d106Rev.1_en.pdf> (consulté le 20 sept.2023).
[110] Par exemple, l'article 350 du Code de commerce maritime édicte que : « L'assureur peut faire réassurer par d'autres les risques qu'il a assurés. La prime de réassurance peut être moindre ou plus forte que celle de l'assurance. »

quand il veut augmenter sa capacité financière vis-à-vis d'un risque particulier. La réassurance facultative est fréquemment conclue en complément d'un traité de réassurance obligatoire, sauf qu'il faut noter que la réassurance obligatoire donne une option avantageuse appelée la réassurance facultative obligatoire pour l'assureur où il fixe de façon indépendante, au cas par cas, des risques ou parties de ces risques à réassurer, tandis que le réassureur doit accepter tous ces risques qui se rattachent à une branche ou une sous-branche visée par le traité de réassurance, mais seulement quand la relation commerciale entre le réassureur et l'assureur est gouvernée par la confidence, puisqu'au niveau gestionnaire, l'assureur doit envoyer au réassureur périodiquement les bordereaux de déclarations des risques ou parties des risques.

Autrement dit, pour la bonne raison que les traités de réassurance couvrent les polices qui ne sont pas encore souscrites par la compagnie cédante, l'évaluation des termes de l'engagement entre les parties demande des relations à long terme afin d'examiner les opérations[111] et faire l'audit des dossiers continuellement[112]. Donc, lorsque

---

[111] Les outils et méthodes actuariels sont multiples pour évaluer les différents risques. *Cf.* Yapi Arnaud CARMEL, *Analyse de la sinistralité d'une base de données à l'aide de la théorie des valeurs extrêmes et d'un outil de simulation*, mémoire de maîtrise en mathématique, Université du Québec à Montréal, juin 2021, 79 p.

[112] La réassurance obligatoire est souvent plus facilement disponible que facultative, mais en raison de la nature à long terme de la relation entre les deux contractants, la conclusion du traité peut prendre plus de temps à se réaliser au départ. Une société de réassurance ne se lancera pas sans vérifier minutieusement l'engagement de la compagnie cédante.

Par exemple, en vertu d'un traité, une société cédante peut être autorisée à émettre des polices d'assurance automobile, mais si cette société souhaite assurer des véhicules à risque plus élevé, comme le transport au propane, cela pourrait ne pas être autorisé par le traité de réassurance, ce qui entravera la croissance de la société cédante.

l'assureur possède un seul actif ou quelques actifs sélectionnés de grande valeur, cela conduit naturellement à recourir à la réassurance facultative plutôt qu'à la réassurance obligatoire. De même, si une entreprise d'assurance souhaite augmenter son fonds de roulement pour souscrire davantage de polices assurément elle va opter pour la réassurance obligatoire, car elle n'a pas de risque spécifique à réassurer.

De plus, il y a deux catégories de réassurance : tout d'abord, la réassurance avant le sinistre ou au moment de la conclusion du traité, dite proportionnelle, c'est-à-dire selon les capitaux assurés de chaque traité (ex. assurance incendie, individuelle-accidents ou les assurances-vie[113]). Cette catégorie comprend deux options : il s'agit de réassurance proportionnelle de quote-part ou en participation[114] pure dite taux de cession (en anglais : a quota share treaty) qui garantit un même pourcentage sur tous les risques réassurés[115] ou encore celle de l'excédent

---

[113] *Infra.*, p. 215.

[114] Les traités en quote-part peuvent être associés à un mécanisme de participation aux profits versés par le réassureur en cas de bénéfice à l'assureur quand le portefeuille parvient à un niveau suffisant.

[115] Selon la CNUCED, les traités de réassurance en quote-part sont la forme d'accord la plus répandue, puisque les primes et les sinistres selon les transactions souscrites par le cédant dans une certaine branche d'assurance ou une partie particulière de cette branche sont divisés proportionnellement entre l'assureur et son ou ses réassureurs. Sur chacun des risques couverts par le traité, un même pourcentage est laissé à la charge de réassureur, usuellement, jusqu'à une limite donnée. Dans ce type de traité, l'assureur a droit à une commission sur les primes cédées et une sur les bénéfices réalisés dans le cadre du traité. Il y a diverses définitions de la commission de réassurance selon la pratique commerciale globale qui tient compte des primes de réassurance et ses taux, les indemnités probables que le réassureur devra verser ainsi que d'autres dépenses de gestion comme les frais d'acquisition et autres dépenses de la compagnie cédante. Voir : Rapport de CNUCED, note 109, 10-13 et 17-18.

de plein ou l'excèdent des capitaux[116] ou surplus si la garantie de chaque contrat dépasse une certaine somme d'argent.
En deuxième lieu, on a la réassurance non proportionnelle, elle se déroule après le sinistre en fonction du montant des risques assurés relevant du champ d'application du traité (ex. les assurances de responsabilité). En réassurance non proportionnelle, le partage des risques entre la compagnie cédante et le réassureur se fait purement sur la base du sinistre et non pas sur la base des capitaux garantis comme en réassurance proportionnelle.
En ce sens, il y a la réassurance en excédant de sinistres (en anglais « excess loss ») où le réassureur opère quand le sinistre dépasse un certain montant dit seuil de rétention. Autrement dit, c'est une réassurance qui oblige le réassureur à couvrir l'excédent d'un sinistre quand ce sinistre est au-delà du maximum payé par l'assureur désigné par le terme *priorité*[117], c'est-à-dire la base de l'excédent à savoir le seuil d'intervention de l'assureur sur un sinistre. La répartition des primes et sinistres entre l'assureur et le réassureur se fait en se référant à la totalité des primes récoltées par l'assureur sur toutes les polices sujettes au traité et les risques entiers, conservés et cédés.
Aussi, on trouve la réassurance en excédent de perte (en

[116] « [...] l'assureur peut conserver sur les affaires qu'il souscrit un portefeuille cohérent et bien équilibré, comportant un maximum raisonnable de pertes éventuelles prévisibles, tandis que le réassureur prend à sa charge tout ce qui excède ce portefeuille équilibré jusqu'à concurrence du nombre de pleins couverts, et décharge l'assureur de proportions plus élevées des pertes résultant des risques les plus importants ou les plus dangereux. » Rapport de CNUCED, note 109, 11.

[117] Définition d'Office québécois de la langue française sur le lieu : < https://vitrinelinguistique.oqlf.gouv.qc.ca/fiche-gdt/fiche/8873809/reassurance-en-excedent-de-sinistre> (consulté le 23 sept. 2023).

anglais « stop loss ») où le réassureur intervient par rapport à la totalité des sinistres quand un certain pourcentage des primes encaissées est dépassé conformément à une période couverte qui est généralement d'un an. Dans ce contexte, habituellement, ce sont les risques cycliques comme les intempéries ou les catastrophes naturelles qui sont concernés.
Il faut comprendre que l'expertise de l'assureur joue un rôle prépondérant à déterminer quel traité est plus avantageux (portefeuille solide[118], une expérience technique avancée, une capacité financière satisfaisante, la branche d'assurance, l'ampleur des risques et les objectifs stratégiques sur la durée de son plan d'affaires, etc.). Il s'agit de traiter correctement les informations relatives aux risques afin de simplifier leur placement en réassurance[119]. Et, le réassureur gère son portefeuille par les comptes courants selon le type de traité. Pour le traité proportionnel, on trouve le bordereau de cession des primes et les bordereaux de sinistres (payés et à payer). Du côté du traité non proportionnel, on localise fondamentalement les bordereaux de sinistres (payés et à payer) et le récapitulatif des primes des risques émises pour la détermination de l'assiette des primes de l'exercice, c'est-à-dire la période du compte comme le premier trimestre, deuxième trimestre, etc.

Pour illustrer, le tableau suivant va nous donner l'estimation financière de chaque type de réassurance obligatoire et c'est la même règle qui s'applique pour la réassurance facultative.

---

[118] Il s'agit du mouvement du portefeuille (entrées et sorties de portefeuille prime et les entrées et sorties de portefeuille sinistre).
[119] Voir : Rapport de CNUCED, note 109, 14.

Exemples :

Traité proportionnel	Traité non proportionnel
En quote-part : Le traité proportionnel en quote-part, la prime est de dix mille (10.000) dirhams marocains et la couverture est de cent mille (100.000) dirhams, la quote-part est de 50%. Donc, l'assureur doit supporter en termes de prime cinq mille (5000) dirhams et la couverture est de cinquante mille (50.000) dirhams. Le même montant est couvert par le réassureur.	**Excédent de sinistres :** La prime est de dix mille (10 000) dirhams et la couverture est d'un million (1 000 000) dirhams, le seuil d'intervention est de 600 000 dirhams. Donc, l'assureur doit supporter six cent mille (600.000) dirhams et le réassureur couvre quatre cent mille (400 000) dirhams.
En excédent de plein ou des capitaux : La prime est de dix mille (10 000) dirhams, la prime cédée est six mille (6000) dirhams et quatre milles (4000) dirhams supportés par l'assureur), donc si le nombre des sinistres est cent (100), le réassureur couvera soixante (60) sinistres et l'assureur quarante (40) sinistre/la couverture est de cent mille (1 00.000) dirhams, la limite de couverture est de soixante mille (60.000). Donc, l'assureur doit supporter 60.000 et le réassureur va couvrir quarante mille (40. 000) de dirhams.	**Excédent de perte** La prime est de dix mille (10 000) dirhams marocains et la couverture est d'un million (1 000 000) de dirhams, le seuil est de quatre cent mille 400 000 dirhams. Donc, l'assureur doit supporter quatre cent mille (400 000) dirhams et le réassureur couvre six cent mille (600 000) dirhams. **Agrégat annuel :** Le traité non proportionnel concernant les évènements d'une année. La prime est de dix mille (10 000) dirhams et la couverture est d'un million (1 000 000) de dirhams, le seuil d'intervention est à partir de quatre cent mille (400.000) dirhams. Donc, l'assureur doit supporter quatre cent mille (400 000) dirhams et le réassureur va couvrir six cent mille (600. 000) dirhams.

Dans ce sens, il faut mentionner la réassurance islamique ou retakaful où l'article 10-2 du Code des assurances marocain édicte que : « En réassurance Takaful, les risques réassurés sont supportés par les comptes d'assurance Takaful, et ce, dans les limites de leurs contributions au compte de réassurance Takaful. ».
Dans ces conditions, la Retakaful est une alternative islamique à la réassurance conventionnelle basée sur le concept de réassurance conforme à l'islam. La Retakaful est fondée sur le principe de coopération. La société Takaful (la cédante) verse une somme convenue (contribution) à la société Retakaful (la cessionnaire) en échange de sécurité financière contre les risques ou évènements préjudiciables. Elle propose aux participants de partager leurs propres risques en se regroupent avec d'autres participants sous forme de pools Takaful. Les différents fonds Takaful se partager les risques. Le fonds Retakaful suit le même régime juridique que le fonds Takaful.
Le fonds Retakaful récolte les contributions de chaque fonds Takaful participant et distribue les excédents émanant des activités d'investissement et de souscription selon les méthodes de calcul islamique. Dans ce contexte, la Retakaful permet d'avoir des réserves de dépôt conservées du fonds Retakaful dans l'intérêt des opérateurs de Takaful dans le but de faire du secteur de la réassurance une activité sans intérêt. L'opération Retakaful s'effectue alors sous des dépenses réelles. Ajoutant qu'il y a d'autres méthodes de gestion en cas de déficit comme l'ajustement les tarifs des nouveaux contrats ou en cas de renouvellement et aussi par des avances (le crédit sans intérêt) données par les actionnaires de la société Takaful. En effet, ces avances vont être récupérées sur les excédents futurs du fonds des participants. Aussi, l'opérateur Takaful doit encourager les participants et actionnaires à contribuer au fonds Retakaful en acceptant l'augmentation de leur part de don à cette

fin[120].

Toutefois, quand la société Takaful n'a pas de choix de négocier avec une société de réassurance conventionnelle sous le principe de la nécessité, elle doit se conformer à certaines conditions pour être considérée comme valable selon la loi islamique. En premier lieu, la coopération avec les réassureurs conventionnels ne devrait pas causer de préjudice financier aux participants ni déstabiliser leurs systèmes financiers. En deuxième lieu, les sociétés Takaful doivent empêcher les flux des capitaux du fonds Takaful aux sociétés de réassurance conventionnelles et déterminer adéquatement les pourcentages de leur engagement. En troisième lieu, l'opérateur Takaful se réassurera sur la base des primes nettes et ne percevra aucune rémunération de réassurance ni commission sur les bénéfices ni des intérêts sur les primes qu'il a retenues sur les primes payables à son réassureur. En quantième lieu, l'opérateur Takaful doit revoir ses besoins en réassurance chaque année et progressivement doit réduire sa dépendance à l'égard des réassureurs conventionnels. En cinquième lieu, l'opérateur Takaful doit stipuler que la perception des intérêts de la compagnie de réassurance conventionnelle est interdite. Néanmoins, si la compagnie de réassurance ne peut pas ajuster ses méthodes de gestion et d'investissement pour s'adapter à cette exigence, l'opérateur Takaful peut accepter les intérêts à condition de les consacrer à des activités humanitaires et à des projets d'infrastructures publiques[121].

---

[120] Voir : Asmaa AB RAHMAN, « Exploring shara'ah views on the practice of Takaful company reinsuring with reinsurance company », ISRA Shari'ah Conference on Takaful, 2009. Disponible sur : <https://mbri.ac.ir/userfiles/file/Islamic%20Banking/بانک%20مقالات/Takaful/Exploring%20Sharia%60Ah%20Views%20On%20The%20Practice%20Of%20Takaful%20Company%20Reinsuring%20With%20Reinsurance%20Company.pdf> (consulté le 30 sept. 2023)

[121] Asmaa AB RAHMAN, *Id.*, pp.32-34.

Cela dit, la Retakaful a besoin de maturité pour être reconnue comme un concurrent puissant de la réassurance conventionnelle.

Troisièmement, il y a la rétrocession qui est l'opération où le réassureur cède, à son tour (rétrocédant), une partie des risques réassurés à un rétrocessionnaire. Les bordereaux détaillés donnent tous les renseignements relatifs aux cessions faites en vertu des traités offrant ainsi une source primordiale pour que le réassureur constitue ses plans de rétrocession.

Il faut souligner que la rétrocession islamique ou Retro-Takaful connait les mêmes problèmes de financement que la Retakaful. Certains opérateurs Retakaful rétrocèdent de manière conventionnelle sur la « base de la nécessité », car la capacité de Retro-Takaful disponible est actuellement limitée[122] sous les mêmes conditions susnommées.

Tableau récapitulatif concernant les méthodes de gestion des risques par l'assureur

Coassurance	**Réassurance et Retakaful**	**Rétrocession et Retro-Takaful**
Le partage un même risque entre plusieurs assureurs selon le pourcentage proportionnel du risque assuré.	L'opération par laquelle l'assureur qui devient un cédant à une autre société dite réassureur ou cessionnaire pour partager une partie des risques qu'il a pris en charge dans un contrat d'assurance.	L'opération que le réassureur cède, à son tour une partie des risques réassurée à un rétrocessionnaire.

[122] Safder JAFFER, Farzana ISMAIL, Jabran NOOR and Lindsay UNWIN, Milliman Research Report "Takaful (Islamic Insurance) : Concept, Challenges, and Opportunities", Actuarial and Consulting Milliman Firms, November 2010, p.10.

9. Les différentes branches d'assurance

La classification des branches de l'assurance englobe plusieurs éléments. Quand on parle les biens de l'assuré, par exemple, on peut citer les corps des véhicules (aériens, ferroviaires, maritimes et terrestres), les risques divers, la responsabilité civile extracontractuelle des divers véhicules, etc., ou concernant l'intégrité physique des assurés comme les accidents de la vie et maladie dans le but d'un contrôle assez ferme par État à propos des activités des assureurs en donnant des agréments, à savoir des autorisations pour exercer la profession[123].

Par ailleurs, il faut mentionner que l'assuré même s'il bénéficie un contrat d'assurance, une somme de sinistre peut être à sa charge. Il s'agit de la franchise.

10. La franchise

La franchise est la somme qui n'est pas restituée par l'assuré et son mode de calcul ainsi que ses conditions d'application sont spécifiés dans la police d'assurance. Une franchise élevée donne une prime plus basse et vice-versa[124]. C'est le cas des assurances automobile où le terme franchise désigne le montant que l'automobiliste devra payer par rapport au total de la somme des réparations d'un véhicule à la suite d'un accident. Le paiement de la franchise se déroule selon deux cas : si l'assuré est responsable ou si le tiers responsable n'est pas identifié. Chaque franchise renferme 3 éléments nécessaires : le type

---

[123] *Supra.* p.13.
[124] *Infra.* pp. 118-119.

du sinistre, la méthode[125] de calcul de la franchise et le type de franchise retenu. C'est la liberté contractuelle qui fixe la franchise.

[125] Ex : Garantie « prêt de véhicule », la franchise est calculée selon le délai de carence, c'est-à-dire à partir du jour de souscription du contrat d'assurance automobile.
Aussi, la franchise se calcule selon le kilométrage du véhicule pour inclure le remorquage dans le service de l'assureur, sauf si une réglementation fixe des franchises comme pour les sinistres déclarés comme une catastrophe naturelle.

Il y a deux types de franchise :

Franchise absolue ou fixe	Franchise simple ou « relative »
C'est la somme d'argent fixe que l'assuré doit payer en fonction du montant des réparations engendrées par le sinistre. En d'autres termes, la franchise absolue indique un montant qui sera catégoriquement déduit de l'indemnisation en cas de sinistre. Cela signifie que si le montant des réparations est supérieur à la franchise, l'assuré recevra juste la **différence** entre le montant des réparations et la franchise. La somme due par l'assuré ne variera pas en fonction du montant des dommages. Une exception est faite pour les sinistres dans lesquels la responsabilité de l'assuré est engagée. Une franchise "dommages" est alors calculée en fonction du pourcentage de responsabilité. Ex. : en cas d'accident de voiture, le montant des réparations d'un capot est 3000 dirhams. La franchise de l'assuré est de 2500 dirhams. La différence du remboursement est 500 dirhams.	La franchise simple est souvent exprimée en pourcentage. Elle se soustrait quand le montant des dommages est inférieur ou égal au montant de la franchise, donc l'assureur ne paye pas les sinistres inférieurs ou égaux à la franchise, mais il rembourse intégralement les sinistres supérieurs. Autrement dit, cette opération mathématique indique un **montant minimum**, en dessous duquel l'assureur n'indemnisera pas l'assuré. À l'inverse, il est obligé d'indemniser en intégralité le montant du sinistre qui dépasse la franchise. Ex. : les garanties d'assistance juridique où l'assureur n'intervient qu'à partir d'une certaine somme de litige.

Pour conclure ce chapitre sur les bases techniques de l'opération d'assurance et passer au deuxième chapitre qui va expliquer les bases juridiques de l'opération d'assurance, il faut souligner que l'analyse les principes économiques de l'opération d'assurance d'où les éléments techniques sert à contrôler les externalités de ce marché par le législateur soit au niveau des catastrophes naturelles

comme les inondations, les séismes, les éruptions volcaniques, soit au niveau du fonctionnement de ces opérations comme le manque d'information[126], la concurrence déloyale[127], etc.
Sûrement, les opérations d'assurance ont besoin d'être matérialisées par la souscription afin que l'assureur structure ses tarifs adéquatement et stabiliser son portefeuille des risques à travers les contrats d'assurance.
On a déjà signalé deux catégories : les assurances de dommages et celles de personnes. Les assurances de dommages ont pour objectif la protection du patrimoine des assurés en réparant les effets dommageables d'un évènement marquant les biens de l'assuré. Elle se divise en deux groupes : les assurances de chose qui garantissent directement les biens de l'assuré et les assurances de responsabilité civile extracontractuelle qui garantissent les dommages occasionnés par l'assuré à des biens d'autrui.
Pour les assurances de personnes, elles concernent le versement d'une prestation forfaire en cas d'évènements affectant la personne de l'assuré, c'est-à-dire la couverture des risques inhérents à la vie humaine. On trouve les assurances « individuels accidents et malades » et les assurances sur la vie et de capitalisation[128].

---

[126] Le manque d'information donne l'inégalité et l'insolvabilité les acteurs économiques sur un marché donné. Voir : Dahir n°1-11-03 du 14 rabii I 1432 (18 février 2011) 31-08 portant promulgation de la loi n°31-08 édictant des mesures de protection du consommateur et les articles 242 et suivants du Code des assurances sur les exigences financières et de contrôle les assureurs.
[127] Voir : Dahir 1-14-116 du 2 Ramadan1435 (30 juin 2014) portant promulgation de la loi n°104-12 relative à la liberté des prix et de la concurrence.
[128] Voir : l'art. 67 et suiv. du Code des assurances marocain.

Chapitre II- Les bases juridiques de l'opération d'assurance

En procédant à l'examen des éléments juridiques essentiels de l'opération d'assurance, il est important de traiter les caractères généraux du contrat d'assurance avant de se pencher objectivement sur toutes les phases du contrat comme suit : la phase précontractuelle (section I), la phase contractuelle en abordant les obligations et responsabilités des parties (section II) et la phase post-contractuelle en analysant la cessation du contrat d'assurance et les mécanismes juridictionnels et ceux alternatifs pour mettre fin aux litiges nés du contrat d'assurance (section III).
Il faut se rappeler que les bases techniques de l'opération d'assurance introduisent le lien juridique qui garantit un risque financier par l'assureur contre le paiement une prime ou cotisation. Le contrat d'assurance est caractérisé par l'aléa[129], étant donné que l'assuré se prémunit contre les risques futurs.
Ce contrat est soumis au formalisme juridique, selon l'article 11 du Code des assurances marocain de 2002 en

---

[129] Il faut distinguer entre les contrats aléatoires où l'utilité économique et sociale est la source de leur légitimité par le législateur et ceux prohibés. En effet, la protection financière et la probabilité d'un événement sous le contrat d'assurance sont considérées juridiquement valables. Sous cet angle, le Code des obligations et contrats interdit les contrats aléatoires et ils sont nuls de plein droit si la cause est une dette de jeu ou de pari (art. 1092) ainsi que les reconnaissances et les ratifications postérieures à ces dettes ou paris, les titres souscrits pour en faire preuve, même s'ils sont à l'ordre, les cautionnements et sûretés donnés en garantie, les dations en paiement, transactions et autres contrats ayant pour cause une dette de cette nature (art. 1093); et l'article 1094 donne l'opposabilité de l'exception de jeu aux tiers complices en contribuant intentionnellement au pari ou d'une dette par l'emprunt des sommes ou valeurs destinées à servir au jeu ou un pari.

édictant que ce contrat doit être rédigé par écrit[130] et en caractères visibles. Aussi, toute addition ou modification au contrat d'assurance primitif doit être constatée par un avenant écrit et signé par les parties contractantes.
Toutefois, le contrat d'assurance a un caractère consensuel dans le sens où l'effet du contrat est immédiat dès le moment de l'accord des parties par remise d'une note de couverture[131].
Relié au principe de mutualité, le contrat d'assurance est un contrat onéreux et synallagmatique, mais étant un contrat consensuel et non réel, le caractère onéreux du contrat d'assurance ne signifie aucunement que la prime doit être payée pour que le contrat soit formé ou pour qu'il prenne effet. À l'instar, les contrats gouvernés par le consensualisme et la réciprocité des engagements, le contrat d'assurance dans toutes les étapes est soumis à la haute bonne foi[132]. En ce sens, la phase précontractuelle est

---

130 Voir : la loi marocaine n°53-05 sur l'échange électronique des données juridiques.

131 Selon l'article premier du Code des assurances, la note de couverture est le document matérialisant l'engagement de l'assureur et de l'assuré et prouvant l'existence d'un accord en attendant de rédiger le contrat global.

132 D'ailleurs, le respect de la bonne foi dans le commerce international et national est un élément fondamental.

Pour le Code des assurances marocain, on peut illustrer par les articles 17, 30, 32 et 50 où la mauvaise foi prouvée donne à la partie lésée plusieurs options comme la nullité du contrat d'assurance en cas d'une faute intentionnelle ou dolosive de l'assuré (art. 17), la nullité du contrat d'assurance en cas de réticence ou de fausses déclarations intentionnelles de la part de l'assuré qui peuvent changer l'objet du risque ou peuvent déprécier l'évaluation du risque par l'assureur. De plus, les primes payées demeurent acquises à l'assureur qui a droit au paiement de toutes les primes (art.30), déclarations erronées ou omission qui affectent la base de calcul de la prime, l'assuré doit payer non seulement la prime, mais une indemnité moins ou égale à 20% de la prime omise (art. 32), une somme double de la prime d'une année

importante à prendre en considération.

Section I- La phase précontractuelle du contrat d'assurance

La norme juridique avant la conclusion des contrats commerciaux est la négociation d'une transaction dans un marché donné où l'opération d'assurance est une partie prenante. Les parties ont des engagements à respecter dans la période des négociations.

1. Les obligations précontractuelles de l'assureur

Avant la conclusion du contrat d'assurance, l'article 10[133] du Code des assurances et l'article 3[134] de la loi n°31-08

(art. 50). Cf. Élise M. CHARPENTIE, « Le rôle de la bonne foi dans l'élaboration de la théorie du contrat » (1996) 26 *Revue de Droit de l'Université de Sherbrooke* 300-318.

[133] L'article 10 du Code des assurances dit : « Préalablement à la souscription du contrat, l'assureur remet à l'assuré un exemplaire du projet de contrat comportant le prix ou une notice d'information qui décrit notamment les garanties assorties des exclusions, le prix y afférent et les obligations de l'assuré.

La proposition d'assurances n'engage ni l'assuré ni l'assureur ; seul le contrat constate leurs engagements réciproques.

Est considérée comme acceptée la proposition faite par lettre recommandée de prolonger ou de modifier un contrat ou de remettre en vigueur un contrat suspendu, si l'assureur ne refuse pas cette proposition dans les dix (10) jours après qu'elle lui soit parvenue.

Les dispositions du 3e alinéa du présent article ne sont pas applicables aux assurances sur la vie. » (Souligné par l'auteur). De plus, les intermédiaires d'assurance doivent mentionner leur identité et les conditions dans lesquelles ils exercent leur activité professionnelle, selon l'article 314 du même Code.

[134] « Tout fournisseur doit mettre, par tout moyen approprié, le consommateur en mesure de connaitre les caractéristiques essentielles du produit, du bien ou du service ainsi que l'origine du produit, ou du

édictant des mesures de protection du consommateur de 2011 imposent à l'assureur l'obligation d'information de l'assuré sur le projet de son contrat en procédant par quelques moyens de commercialisation de ses services. Il doit lui remettre une *fiche* indiquant le prix et les garanties offertes en détail ainsi que les franchises applicables le cas échéant pour les clients potentiels. On utilise aussi une *proposition* de contrat d'assurance[135], mais il faut distinguer entre deux sortes de propositions : celle ordinaire qui est proposée dans les négociations les risques d'entreprise où les aléas ne sont pas standardisés et la proposition-pollicitation qui donne une offre[136] et exprime la volonté de contracter à partir du moment où l'assureur accepte l'offre de son offrant dans les dix (10) jours suivant la pollicitation. En outre, on trouve copie du règlement de gestion du Fonds Takaful ou participatif afin de comprendre les principes régissant le fonctionnement de ce Fonds et les missions de l'entreprise de gestion[137] Takaful

---

bien et la date de péremption, le cas échéant, et lui fournir les renseignements susceptibles de lui permettre de faire un choix rationnel compte tenu de ses besoins et de ses moyens. À cet effet, tout fournisseur doit notamment par voie de marquage, d'étiquetage, d'affichage ou par tout autre procédé approprié, informer le consommateur sur les prix des produits et biens et tarifs des services, et lui fournir le mode d'emploi et le manuel d'utilisation, la durée de garantie et ses conditions ainsi que les conditions particulières de la vente ou de la réalisation de la prestation et le cas échéant les limitations éventuelles de la responsabilité contractuelle.

Les modalités de l'information sont fixées par voie réglementaire. » (Souligné par l'auteur).

[135] La proposition est un imprimé rempli et signé par le futur souscripteur qui demande à l'assureur de garantir le ou les risques qu'il a décrit en répondant au questionnaire.

[136] Voir : Didier LLUELLES, *Précis des assurances terrestres*, 4e éd., Montréal, Thémis, 2005, p. 34 et suiv.

[137] Il y a deux options de gestion de l'assurance Takaful soit la forme « à but non lucratif » où l'activité est gérée en mutualité par un conseil

ainsi que les obligations de l'assureur en sa qualité de gestionnaire du Fonds[138].

Donc, la proposition d'assurance se matérialise soit par une fiche ou note d'information, soit par un projet de contrat ou encore par une copie du règlement du mandat qui n'engage ni l'assuré ni l'assureur. Le contrat d'assurance est seul responsabilisant, car il constate leurs engagements réciproques, mais le silence de l'assureur devant une offre de l'assuré après le délai 10 jours de cette proposition, la loi considère cette réticence comme une acception et donne effet au contrat, exception faite de l'assurance-vie et le contrat de Takaful. Ce dernier est régi par le Conseil supérieur des Oulémas[139].

En principe, l'assureur reste libre de sélectionner les risques à assurer. Le Code des assurances ne sanctionne vraiment pas l'assureur en cas d'omission, sauf quand il s'agit les

---

élu par et pour le compte des participants au programme *Takaful,* soit la forme *commerciale* où la gestion du fonds *Takaful* est donnée à une société commerciale comme l'opérateur *Takaful* avec un sectionnement clair et transparent entre les fonds des actionnaires et ceux des participants. Néanmoins, le point assez complexe est que les opérateurs *Takaful* se réassurent auprès des réassureurs conventionnels, puisque la loi coranique autorise cette pratique dans le cadre de la nécessité. En effet, la séparation comptable doit être constatée dans les états de synthèse de l'entreprise d'assurances et de réassurance. En pratique, cette séparation est difficile à vérifier quand l'opérateur qui gère le fonds Takaful est un assureur conventionnel.

Voir : Association internationale des contrôleurs d'assurance, *Le Conseil des Services Financiers Islamiques*, « Questions sur la réglementation et le contrôle du Takaful (assurance islamique), 2006, p.5.

[138] Voir : Jacques CHARBONNIER, « L'assurance islamique » (octobre 2010-janvier 2011) vol. 78(3-4) *Revue Assurances et gestion des risques* 351-*384 ; ACAPS,* Newsletter- intermédiaires, disponible sur : <*https://www.acaps.ma/sites/default/files/publication_documents/newsletter_n7_fr.pdf*> (consulté le 3 novembre 2023).

[139] Voir : l'article 10-1 du Code des assurances marocain.

assurances de personnes particulièrement l'assurance-vie, l'assurance de capitalisation et celle collective où l'assureur à l'obligation de remettre par écrit des informations précises sur les tarifications des risques à couvrir, les garanties, les droits et obligations respectifs. Toutefois, la pratique éthique enseigne que la proposition est l'arrière-plan de la police d'assurance, puisque l'obligation d'information précontractuelle exige que la police d'assurance doive être conforme à la proposition, mais la mauvaise foi de l'assureur peut être localisée par une fraude au niveau de sa tarification ou sur le provisionnement des sinistres à payer et souvent ces erreurs volontaires ne sont pas identifiées à temps. L'assureur peut déclarer faillite[140], ce qui portera un préjudice grave aux assurés et aux tiers créanciers de cet assureur.

De ce fait, l'option législative est de donner différentes sanctions administratives et disciplinaires[141] accompagnées par des sanctions pénales[142] où la sanction administrative ultime est le retrait d'agrément par l'administration de contrôle[143] dans l'éventualité où l'assureur ne communique

---

[140] Voir : les articles 281, 282, 283 et 284 du Code des assurances marocain.

[141] Voir : les articles 278, 278-1 et 279-1 du Code des assurances marocain. En effet, l'article 279 du Code impose les sanctions disciplinaires à l'assureur ou le réassureur en cas de non-respect des dispositions du Code à partir de l'avertissement jusqu'au retrait total ou partiel d'agrément en passant par le blâme, l'interdiction d'effectuer certaines opérations et toutes autres limitations dans l'exercice de l'activité, la suspension temporaire d'un ou plusieurs dirigeants de l'entreprise et le transfert d'office de tout ou partie du portefeuille des contrats en cours et des sinistres de l'entreprise.

[142] Voir : les articles 280 à 284 du Code des assurances et les articles 327-330 du même code concernant les sanctions pénales des intermédiaires d'assurance.

[143] C'est l'Autorité de contrôle des assurances et de prévoyance sociale (ACAPS) qui était instituée en 2014 par la loi n°64-12 afin de

pas à cette autorité tous les documents à caractère contractuel ou publicitaire pour motiver une opération d'assurance ou de réassurance. Il ne faut pas oublier, au niveau pénal, le cas de banqueroute qui témoigne de la mauvaise foi, mais le Code des assurances actuel ne contrôle pas la conformité des pratiques commerciales portant sur le fonctionnement de commercialisation des produits d'assurance et même avec la loi n° 31-08 édictant des mesures de protection du consommateur, les irrégularités sont le plus souvent relevées à ce stade. La transparence économique et le respect des obligations d'information et le devoir de conseil à l'égard des clients sont pratiquement masqués dans la phase précontractuelle, surtout que le contrat d'assurance est souvent un contrat d'adhésion[144].

Malgré tout, comme déjà énoncé, c'est la note de couverture ou le bulletin d'adhésion provisoire dans la phase précontractuelle qui est engageant. C'est un document constatant une garantie provisoire à effet immédiat et pour une durée restreinte. Normalement, la couverture est seulement d'une durée limitée entre un mois à trois mois en attendant d'une étude globale de l'objet du contrat.

Donc, c'est un accord temporaire qui n'engage pas les parties au niveau du projet intégral du contrat, mais par rapport à des risques convenus par les parties pour une période donnée.

Cette étape précédant la conclusion du contrat d'assurance

---

régulariser et superviser le secteur de l'assurance et de la prévoyance sociale.

[144] Voir : Alain GOURD, « Le droit des assurances et la protection du consommateur » (1972) 32 *Revue du Barreau (R.B.)* 527. Cf. Angela SWAN, Nicholas C. BALA et Jakub ADAMSKI, « Chap. eight : the control of contract power » dans *Contracts : cases, notes & materials*, LexisNexis, 2015, pp. 933, 953-954.

est aussi assujettie aux engagements du souscripteur. L'asymétrie d'information sur les risques entre l'assureur et l'assuré évite de compromettre l'optimalité de leur transaction.

2. Les obligations précontractuelles du souscripteur

Le souscripteur avant la conclusion du contrat d'assurance est obligé de donner à l'assureur une déclaration juste du risque à garantir en répondant exactement aux questions posées par l'assureur afin d'apprécier le risque correctement. La mauvaise foi de l'assuré conduit à la nullité du contrat.

L'engagement de l'assuré est attaché aux déclarations neutres sur les éléments du risque avant la signature du contrat et qui sont juridiquement présumés impartiaux. En conséquence, c'est l'affaire de l'assureur de prouver la mauvaise foi de l'assuré en donnant des fausses déclarations[145].

En conclusion, la responsabilité des contractants dans la

---

145 Aussi, l'article 354 du Code maritime marocain édite que : « Si l'assurance est rompue par le fait de l'assuré avant le commencement des risques, sans que cette rupture soit due à la force majeure ou à un juste motif, l'assureur reçoit, à titre d'indemnité forfaitaire, la moitié de la prime fixée lors de la conclusion du contrat. », et l'article 356 dit que : « L'assureur sur corps ne répond pas des fautes du capitaine ayant le caractère de dol ou de fraude, lorsque le capitaine a été choisi par l'armateur. »

Voir : Christiane DUBREUIL, « L'assurance : un contrat de bonne foi à l'étape de la formation et de l'exécution » (1992) 37 *Revue de Droit McGill (R.D. McGill)* 1087-1092 ; Patrice DESLAURIERS, *La déclaration précontractuelle de risque en droit québécois,* Cowansville, Éditions Yvon Biais, 1994, p. 13. Cf. Angela SWAN, Nicholas C. BALA et Jakub ADAMSKI, « Chap. three : the kinds of promises the law will enforce » dans *Contracts : cases, notes & materials*, LexisNexis, 2015, pp. 289-476.

phase précontractuelle dépend de leur bonne ou mauvaise foi. La preuve reste à la charge du demandeur et à l'appréciation du juge en cas de litige.

Section II- La phase contractuelle de l'opération d'assurance

On sait tous, en tant que juristes, que la conclusion du contrat est le moyen tangible pour prouver l'existante d'une transaction entre les personnes, morales ou physiques, et c'est l'assise pour matérialiser les obligations réciproques des parties concernées par cet accord.
Pour l'opération d'assurance, cette matérialisation passe par une forme particulière qui s'inscrit dans un temps déterminé.

1. La forme et sa durée du contrat d'assurance

La forme du contrat d'assurance se concrétise par la police d'assurance (A) en respectant les périodes contractuelles et les délais légaux(B).

A. La police d'assurance

La police constitue l'écrit où les conditions d'exécution du contrat sont établies.
La police d'assurance réfère aux conditions générales et particulières. En effet, l'article 12 du Code des assurances dégage tous les éléments essentiels du contrat d'assurance pour valider l'opération d'assurance. Il s'agit de l'objet du contrat, à savoir les risques couverts, les obligations des parties, les exclusions[146], les règles de compétence et de

[146] Les clauses d'exclusion de garantie doivent être conformes aux dispositions légales et réglementaires d'ordre public. Donc, l'usage

prescription en cas de litiges[147]. Dès lors, les conditions générales incluent : le préambule qui décrit l'objet du contrat, l'identification du souscripteur et l'assureur, la durée de la couverture du risque assuré et les lois qui régissent ce contrat d'assurance, la liste des garanties des risques (ex. liste des biens couverts, les évènements garantis, les dommages assurés), les exclusions, le plafond de la garantie (le montant maximum que l'assuré recevra), les franchises, les obligations de l'assuré et les obligations de l'assureur.
Pour les conditions particulières, on trouve l'adresse de l'assuré, la description précise des biens couverts, la date d'effet du contrat et celle d'échéance des primes. Concernant les contrats d'assurance de personnes comme celui de vie, on va illustrer par le contrat d'assurance temporaire de décès où on peut repérer le capital assuré, le capital constant, le taux d'intérêt, la fréquence de paiement, l'échéance de la prime, l'effet du contrat, le terme du contrat, le bénéficiaire avant l'échéance du contrat, prime nette, les frais accessoires, surprime et la prime totale.

De plus, il a central de rappeler que l'assurance Takaful du même article est un contrat d'assurance islamique dite aussi participative où l'assureur et le réassureur sont juste des entreprises de gestion d'un fonds. La perception l'intérêt financier est interdit. Les avis du Conseil supérieur des Oulémas sont primordiaux pour donner à l'objet du contrat son caractère purement islamique.
La police doit alors indiquer la mise en place d'un comité musulman de supervision, la politique de placement des provisions techniques de la société de gestion et la méthode

---

valable des exclusions est limité par le formalisme juridique strict. La clause d'exclusion doit être précise et claire et elle doit apparaitre en caractères très apparents dans le contrat.
[147] *Infra*. pp.85-87.

de distribution de l'excédent qui est la propriété des participants du fonds et sera réparti entre eux et également la clause sur l'engagement de l'assureur Takaful en cas de prêt (sans intérêt) au fonds des participants.

En effet, la police d'assurance reflète les éléments incontournables pour exécuter l'opération d'assurance dans la phase contractuelle. Il s'agit de la durée due du contrat d'assurance et les obligations des parties contractantes.
Par conséquent, il faut se demander tout d'abord sur la période légale de couverture du risque assuré, ensuite il est préférable d'étudier les obligations de l'assuré en premier lieu, puisqu'il est le demandeur ou le client du service d'assurance et automatiquement de se pencher sur les obligations du prestataire de ce service, l'assureur.

B. La durée du contrat

En général, la durée du contrat est décidée par les parties contractantes. Cependant, le législateur est intervenu pour autoriser aux parties, spécialement aux souscripteurs, de se libérer à des intervalles réguliers afin de pouvoir résilier le contrat à l'expiration d'un délai raisonnable. En principe, il s'agit de préavis de trente (30) jours à quatre-vingt-dix (90) jours si le contrat est muet sur ce point. Néanmoins, selon l'article 6 du Code des assurances, il y a les exceptions. Premièrement, l'assurance-vie qui échoit chaque année à compter de la date d'effet du contrat, attachée à l'obligation d'information de l'assuré à son assureur conformément au préavis stipulé dans le contrat. Deuxièmement, en cas d'assurance de la responsabilité civile de la construction "tous risques chantiers "où le préavis afférent à la résiliation de cette garantie doit être au-dessous d'un mois. L'assureur doit notifier par lettre recommandée l'autorité compétente (art.157-8 du Code) dans un délai de trente (30) jours[148]. En effet, l'article 6[149] du Code des assurances édite ce qui suit :

> « La durée du contrat, qui doit être mentionné en caractère très apparent, est fixée par la police.
> Toutefois et sous réserve des dispositions ci-après relatives aux assurances sur la vie, l'assuré a le droit de se retirer à d'expiration d'une période d'une année à compte de la date d'effet du contrat à condition d'en informer l'assureur, dans les conditions prévues par l'article 8[150] ci-dessous, avec un préavis au moins égal au minimum fixe par le contrat. Ce droit appartient également à l'assureur. Il doit être rappelé dans chaque contrat d'assurance. Le minimum de préavis afférent à la résiliation de la garantie des risques visés à l'article 45[151] du présent livre peut être inférieur à trente (30) jours.
> Les dispositions de l'alinéa précédent ne s'appliquent pas à l'assurance prévue à l'article 157-10[152] ci-dessous.

---

148 Apparemment, cette mesure de notifier l'autorité compétente est absente en pratique.

149 Souligné par l'auteur.

150 L'article 8 dit que : « Dans tous les cas où le souscripteur a la faculté de demander la résiliation, il peut le faire à son choix et nonobstant toute clause contraire soit par une déclaration faite contre récépissé au siège social de l'assureur, soit par acte extrajudiciaire, soit par lettre recommandée, soit par tout autre moyen indiqué dans le contrat.
Dans tous les cas où l'assureur a la faculté de demander la résiliation, il peut le faire, par lettre recommandée, au dernier domicile du souscripteur connu de l'assureur. »

151 L'article 45 édicte que : « L'assureur ne répond pas, sauf convention contraire, des pertes et dommages occasionnés soit par la guerre étrangère soit par la guerre civile, soit par des émeutes ou des mouvements populaires.
Lorsque ces risques ne sont pas couverts par le contrat, l'assuré doit prouver que le sinistre résulte d'un fait autre que le fait de guerre étrangère ; il appartient à l'assureur de prouver que le sinistre résulte de la guerre civile, d'émeutes ou de mouvements populaires. »

152 L'article 157-10 (ajouté par la loi n° 59-13 du 25 aout 2016) prescrit que: « Toute personne physique ou morale dont la responsabilité civile décennale peut être engagée en vertu de l'article 769 du dahir du 9 ramadan 1331 (12 aout 1913) formant code des obligations et des

Lorsque la durée du contrat est supérieure à une année, elle doit être rappelée en caractères très apparents par une mention figurant au-dessus de la signature du souscripteur. À défaut de cette mention, le souscripteur peut, nonobstant toute clause contraire, résilier le contrat chaque année, à la date anniversaire de sa prise d'effet, moyennant un préavis de trente (30) jours.
La faculté de résiliation ouverte à l'une ou à l'autre partie en vertu du présent article comporte restitution, par l'assureur, des portions de primes ou cotisations afférentes à la période pour laquelle les risques ne sont plus garantis.
Au cas où la durée n'est pas mentionnée ou dans le cas où elle n'est pas mentionnée en caractères très apparents dans un contrat souscrit pour une durée supérieure à une (1) année, le contrat est réputé souscrit pour une année. Dans ce dernier cas, l'assureur est tenu de restituer au souscripteur la portion de prime ou de cotisation d'assurance qu'il a reçue en trop. »

En résumé, le délai raisonnable est principalement de 30 jours, sauf une stipulation contraire ou quand la loi donne les délais précis selon chaque situation juridique.
Par ailleurs, quand la période du contrat est terminée, l'article 7 du Code des assurances donne aux parties la possibilité de proroger l'échéance du contrat par tacite reconduction qui doit être d'un an ou moins.
Pour valider la forme du contrat d'assurance, il est évident

---

contrats, doit être couverte par un contrat d'assurance garantissant cette responsabilité. » et l'article 769 du Code des obligations et contrats impose que : « L'architecte ou ingénieur et l'entrepreneur chargés directement par le maitre sont responsables lorsque, dans les dix années à partir de l'achèvement de l'édifice ou autre ouvrage dont ils ont dirigé ou exécuté les travaux, l'ouvrage s'écroule, en tout ou en partie, ou présente un danger évident de s'écrouler, par défaut des matériaux, par le vice de la construction ou par le vice du sol.
L'architecte qui n'a pas dirigé les travaux ne répond que des défauts de son plan.
Le délai de dix ans commence à courir du jour de la réception des travaux. L'action doit être intentée dans les trente jours à partir du jour où s'est vérifié le fait qui donne lieu à la garantie ; elle n'est pas recevable après ce délai. »

d'étudier le fond de ce contrat : les obligations et responsabilités des parties.

2. Les obligations contractuelles de l'assuré et l'assureur

On va analyser, en premier lieu, les obligations générales de l'assuré (A) et en deuxième lieu, les obligations de l'assureur.

A. Les obligations générales de l'assuré

Conformément à l'article 20 du Code des assurances, l'assuré est débiteur de deux obligations fondamentales :
Au premier chef, il doit effectuer ***le paiement***[153] de la prime ou cotisation[154] au temps convenu au domicile de l'assureur ou son mandataire. Si l'assuré manque à son obligation, après dix (10) jours de son échéance, l'assureur après la mise en demeure de l'assuré peut soit suspendre la garantie contestée après vingt (20) jours si le contrat annuel couvre plusieurs risques, soit il peut résilier le contrat in extenso si le délai de dix (10) jours est écoulé sans respecter son engagement.

Échéance/	Mise en demeure/	Suspension / Résiliation
{10 jours}	{20 jours}	{10 jours}

[153] Le paiement peut être fait par remise du montant dû soit en espère, soit par mandat ou par chèque, ou encore par virement bancaire. Aussi, la prime est fixée selon le mode de paiement convenu entre l'assureur et l'assuré. Par exemple, le paiement d'avance ou à forfait pour les contrats d'assurance avec les entreprises commerciales.

[154] Voir : Décret n° 2-01-2723 du 27 hija 1422 (12 mars 2002) fixant le taux des cotisations dues à la Caisse nationale de sécurité sociale ; Décret n° 2-64-025 du 15 ramadan 1383 (30 janvier 1964) fixant le taux de la cotisation due à la Caisse nationale de sécurité sociale par les marins-pêcheurs.

Donc, les droits de l'assuré devinent caduques par le non-respect du délai de paiement. L'assuré peut encourir différentes sanctions comme la déchéance[155] sur un sinistre particulier dans le contrat global, la suspension d'une garantie ou encore la résiliation, sauf en cas de force majeure ou cas fortuit[156]. On trouve l'exception aussi concernant les assurances sur la vie et celles de la maladie pour les raisons suivantes :

- L'assurance-vie : la somme investie et les intérêts accumulés peuvent être récupérés par le souscripteur à tout moment, puisque l'assurance-vie est une opération d'épargne à long terme. Dans ces conditions, l'assureur ne peut pas obliger l'assuré à payer la prime.
- L'assurance maladie : le changement relatif à l'état de santé de l'assuré, c'est-à-dire la transformation de son régime social[157] est devenu moins favorable ou quand il s'agit de l'augmentation du nombre de personnes à charge à déclarer.

Subséquemment, l'assuré doit faire les **déclarations requises** à l'assureur à temps soit en prévision de déterminer le montant de la prime quand elle est variable, soit en cas d'aggravation les risques, selon l'article 24 du

---

[155] La déchéance d'un droit est définie comme le fait de ne plus pouvoir obtenir la reconnaissance de ses droits en justice. Par exemple, la déchéance pour déclaration tardive prévue dans le contrat ou si l'assureur démontre que le retard dans la déclaration lui a causé un préjudice.

[156] Rappelant la distinction restreinte entre la force majeure et de cas fortuit. La force majeure est extérieure du pouvoir des parties, alors que le cas fortuit est un évènement interne au débiteur d'une obligation contractuelle comme les problèmes de démarrage d'une machine à cause un vice caché entraînant l'inexécution d'une obligation. Donc, c'est un fait soudain qui entrave l'exécution d'une obligation.

[157] Voir l'article 32 de la loi n°65-00 portant Code de la couverture médicale de base du 3 octobre 2002.

Code des assurances. Il doit aussi aviser l'assureur en cas de sinistre au moment où l'assuré a eu connaissance de sa survenance dans un délai de cinq (5) jours, sauf quand il s'agit de vol des biens[158] où le délai est de quarante-huit (48) heures, non compris les jours fériés pour avertir l'assureur sous condition de joindre le dépôt de plainte de vingt-quatre (24) heures auprès du service de la police ou de la Gendarmerie royale. Ce délai est le même en cas de mortalité du bétail (art. 57 du Code des assurances).
Il faut exclure encore les assurances sur la vie où la cotisation n'est pas obligatoire et l'assureur ne peut pas poursuivre l'assuré en justice et celles des conséquences d'évènements catastrophiques où le délai minimal est de vingt (20) jours, selon l'art 64-5 du Code des assurances.
Il ne faut pas oublier qu'au niveau contractuel, la limitation légale de cas fortuit ou de force majeure peut prolonger ces délais de déclaration des sinistres. L'exemple persuasif est le temps de la survenance de la pandémie de Covid-19 où les délais échus pendant la période d'urgence sanitaire étaient prorogés. En effet, le non-respect des délais de déclaration des sinistres ou le retard sans motif valable entraînent le refus de prise en charge de la garantie par l'assureur.

Laconiquement, les obligations incombant à l'assuré sont : payer la prime ou cotisation, déclarer le risque à la souscription, déclarer l'aggravation des risques ou les modifications en cours de contrat et évidemment déclarer les sinistres.

Concernant les contrats de Takaful, c'est l'obligation de paiement qui est différente, car les participants cotisent au programme Takaful sous la base de l'engagement de donation sous réserve de la limite des sommes et des

---

[158] Voir : Les articles 505 à 607 du Code pénal marocain.

indemnités dues et des différentes provisions et réserves, exclusion faite des contrats d'investissement. L'administrateur de l'assurance Takaful paie les prestations Takaful à partir du fonds Takaful. La participation des participants suit la mutualité dans les deux situations : en cas de bénéfice et en cas de déficit. Rappelant que tout excédent technique va être répartir entre des assurés. Aussi, quand il y a un déficit, ils sont solidaires.
Ajoutant que dans le cas de la gestion de l'assurance Takaful par un opérateur financier conventionnel, l'assureur peut gérer la souscription sous le contrat « *Mudaraba* » (c'est-à-dire le contrat entre un investisseur et un entrepreneur pour l'objectif de partager les bénéfices) et participe à l'excédent technique comme une commission[159]. En effet, les méthodes légales en accord avec la loi coranique sont prioritaires avant de recourir au principe de nécessité (le placement et le prêt sans intérêt) si jamais le fonds Takaful manque de capital pour couvrir le déficit[160].

Tableau récapitulatif des délais de déclaration des sinistres

Sinistres	**Délais de déclaration de l'avènement du sinistre**	**Exclusions**
– Date de connaissance du sinistre (art. 20 du Code) – L'aggravation les risques (art. 24 du Code)	Cinq (5) jours Huit (8) jours	– Les assurances-vie – L'assurance maladie – La limitation légale de cas fortuit ou de

[159] Voir : Le Conseil des Services Financiers Islamiques, « Questions sur la réglementation et le contrôle du Takaful (assurance islamique), (2006) Association Internationale des Contrôleurs d'Assurance p. 7.
[160] Pour le principe de la nécessité, *supra*, p.29 et suiv.

		force majeure
– Le vol (art 20 du Code des assurances)	Vingt-quatre (24) heures	
– L'assurance contre la grêle (art. 57 du Code) – L'assurance de bétail (la mortalité du bétail) (art. 57 du Code)	Cinq (5) jours Quarante-huit (48) heures, non compris les jours fériés.	
– L'assurance des conséquences d'évènements catastrophiques (art. 64-5 du Code)	Vingt (20) jours	

Tableau récapitulatif les obligations de l'assuré et les sanctions encourues

Les obligations du souscripteur	**Modalités de l'obligation**	**Sanctions encourues**
– Déclarer le risque à la souscription	– Réponses fermes au questionnaire de l'assureur	– Mauvaise foi : nullité – Bonne foi : règle proportionnelle de primes après sinistre
– Payer la prime ou cotisation	– Délai de 10 jours à compter de l'échéance	– Suspension après envoi d'une lettre recommandée. – Résiliation après le délai de vingt (20) jours de suspension
– Déclarer les aggravations en cours de contrat	– Circonstances modifiant les réponses précédentes. (Délai de 8 jours)	– Mauvaise foi : nullité – Bonne foi : règle proportionnelle de primes après sinistre
– Déclarer les sinistres	– Délai de 5 jours ouvrables (sauf exception)	– Déchéance si le préjudice est prouvé par l'assureur

B. Les obligations générales de l'assureur

L'assureur ou l'opérateur dans les contrats Takaful doit verser la prestation promise dans le délai convenu selon les

termes du contrat. L'article 18 du Code des assurances impose à l'assureur non seulement de garantir les pertes et dommages causés par l'assuré, mais aussi les personnes dont l'assuré est civilement responsable en vertu de l'article 85[161] du Code des obligations et contrats.
Autrement dit, il doit couvrir les sinistres résultant de la faute de l'assuré et les personnes à charge et en cas de force majeure ou cas fortuit, sauf bien sûr quand il s'agit d'une faute intentionnelle. En contrepartie, les droits de l'assureur sont garantis par plusieurs sanctions, allant de la déchéance jusqu'à la résiliation.

Tableau des sanctions encourues contre le souscripteur et/ ou l'assuré

Définition	Conditions d'application	Opposabilité
– Déchéance (Perte du droit aux garanties du contrat).	•Manquement aux obligations après sinistre. • Selon une clause expresse du contrat.	– Opposable à l'assuré, mais non aux tierces victimes en assurance de responsabilité civile.
– Nullité (Anéantissement rétroactif du contrat (le contrat est réputé ne jamais avoir existé) (art.30 du	•Déclaration inexacte du risque de mauvaise foi (non-respect des conditions de validité communes à tous les contrats).	– Opposable à tous.

161 L'article 85 du Code des obligations et contrats marocain édicte que : « On est responsable non seulement du dommage que l'on cause par son propre fait, mais encore de celui qui est causé par le fait des personnes dont on doit répondre. » En principe, on trouve la responsabilité des parents du dommage causé par leurs enfants mineurs habitant avec eux et en cas de divorce, ou décès ou encore par une décision judiciaire, c'est le titulaire du droit de garde qui est responsable (art.171 du code de la famille de 2004). Aussi, il s'agit de la relation professionnelle entre les maîtres et les commettants comme les domestiques et préposés pour le dommage causé à autrui ou les artisans concernant le dommage causé par leurs apprentis pendant le temps de leur surveillance, cependant, la diligence raisonnable prouvée des personnes responsables leur déresponsabiliser.

Code des assurances).		
– Règle proportionnelle de primes (Réduction d'indemnités dues par l'assureur en fonction de la prime payée).	•Déclaration inexacte du risque découverte après sinistre, sans mauvaise foi et l'omission (art. 31 du Code des assurances).	– Opposable à tous, sauf aux tiers-victimes en assurance responsabilité civile automobile.
– Suspension (La garantie ne s'applique plus alors que le contrat reste en cours).	À la suite du non-paiement de la prime.	– Opposable à tous.
– Résiliation (Fin de contrat qui a existé).	À la suite du non-paiement de la prime ; La déclaration inexacte avant le sinistre L'assuré refuse le nouveau taux de prime en cas d'aggravation du risque.	– Opposable à tous.

Il faut noter que ces principes juridiques de la conclusion du contrat d'assurance sont applicables aux contrats de réassurance et de rétrocession qui incluent les conditions générales[162] et celles particulières[163] avec quelques divergences pratiques comme les délais de versement des primes, les délais l'envoi, de vérification et le règlement des soldes, la résiliation et renouvellement. De plus, en

[162] Les clauses usuelles particulières à la réassurance, on peut citer la clause le partage du sort, la clause de droit de regard, la clause d'arbitrage, les clauses exceptionnelles de résiliation.

[163] On trouve, par exemple, le type de réassurance ou nature du traité, les caractéristiques des affaires couvertes par le traité, les différents documents techniques ou comptables à mettre à la disposition du réassureur par l'assureur, les primes, taux des primes et commissions de réassurance, les comptes à envoyer par la compagnie cédante, les dépôts des provisions (espèces, titres, ou autre) et ils sont périodiquement ajustables, les délais l'effet du traité, la territorialité précise des affaires réassurées, les avances sur sinistres, la participation au bénéfice, etc.

réassurances obligatoire et facultative, les bases d'indemnisation des sinistres couverts par un contrat de réassurance sont de trois types en se référant aux méthodes de gestion des risques par le réassureur comme déjà étudier[164]: premièrement, la réassurance en « **base souscription** » (*risk attaching basis*) où les réclamations de la survenance des sinistres reliés à des polices d'assurance (renouvelées, nouvelles ou en vigueur) sont indemnisés pendant la durée du traité, quelle que soit la date de survenance du sinistre. Cette base peut être au prorata ou en excédent de sinistres. Le prorata signifie qu'une police de réassurance est rédigée sur la base de la société cédante et la société de réassurance partage proportionnellement les primes et les pertes.

Pour les polices d'excédent de pertes, l'assureur cédant sera tenu de couvrir un certain montant des pertes accumulées sur l'actif souscrit. Ils peuvent même payer des frais à la compagnie de réassurance pour une couverture supérieure à une certaine limite précisée.

Deuxièmement, la réassurance en « **base survenance** » (*loss occurring basis*) où ils sont réassurés tous les sinistres survenus pendant la durée du traité pour un portefeuille donné, indépendamment de la date d'émission de la police ou d'effet du contrat réassuré. Il faut prendre acte que la date de survenance du sinistre est la date de survenance du sinistre pour le réassuré et non pas par le preneur principal (assuré) et troisièmement, la réassurance en « **base réclamations** » (*claims made basis*) où ils sont réassurés tous les sinistres ayant fait l'objet d'une réclamation pendant la durée du traité pour un portefeuille donné et la date de survenance du sinistre ou la date d'effet du contrat réassuré est sans effet. Ce type de contrat est en quelque sorte similaire à « base survenance ». La différence consiste dans la date de la réclamation du sinistre. Cette date

---

[164] *Supra*. pp. 49 à 58.

détermine la période d'indemnisation de réassureur sans prendre en compte le moment où le sinistre est survenu ou la police a été émise. Les réassureurs peuvent inclure une date rétroactive dans le contrat dans le but de rendre le délai plus raisonnable et pratique pour la prise en charge des pertes.
Ce fonctionnement est distinct quand il s'agit de Retakaful, car les principes qui s'appliquent à l'assurance Takaful sont aussi applicables aux opérations Retakaful, sauf que les participants de Retakaful sont les opérateurs Takaful (l'assureur) au lieu des participants individuels (assurés).

Par ailleurs, il est essentiel d'indiquer que le contrat d'assurance doit prévoir impérativement la mention « sauf conventions contraires » en cas où les parties sont d'accord sur les exclusions. Il s'agit en premier rang des clauses relatives aux points où le risque est élevé. On repère, par exemple, l'exclusion des risques de guerre[165] et l'utilisation d'agents ou d'armes chimiques, biologiques, bactériologiques, radioactives ou nucléaires[166].
Les clauses d'exclusions stipulées dans les polices d'assurance doivent être écrites en caractères gras et apparents pour être valides. Dans ce sens, l'appréciation de la validité de ces clauses par les tribunaux est sévère vu la rigueur du Code des assurances.
Rappelant que toute modification du contrat d'assurance initial doit être constatée par un avenant signé par les parties contractantes.
Finalement, il ne faut pas oublier que l'ère de la technologie de l'information a donné des nouveaux enjeux juridiques où la protection des données personnelles est devenue omniprésente dans le contexte contractuel depuis l'adoption en 2009 de la loi n°09-08 relative à la protection

---

[165] Voir : l'article 45 du Code des assurances
[166] *Infra.*, p.140.

des personnes physiques à l'égard du traitement des données à caractère personnel[167].

En somme, la fonction de la souscription du contrat d'assurance est indispensable au fonctionnement efficace des marchés de l'assurance. Cela requiert une bonne évaluation des risques par l'assureur pour répondre aux exigences de base en matière d'assurabilité.
Par conséquent, un contrat bien dirigé évite une mauvaise gestion économique et juridique du risque assurable où les

---

[167] L'exemple de la clause type sur la protection des données personnelles d'un contrat d'assurance : « Les données personnelles demandées par l'assureur ont un caractère obligatoire pour obtenir la souscription du présent contrat et l'exécution de l'ensemble des services qui y sont rattachés. Elles sont utilisées exclusivement à cette fin par les services de l'assureur et les tiers autorisés. La durée de conservation de ces données est limitée à la durée du contrat d'assurance et à la période postérieure pendant laquelle leur conservation est nécessaire pour permettre à l'assureur de respecter ses obligations en fonction des délais de prescription ou en application d'autres dispositions légales. Par ailleurs, la communication des informations de l'assuré/souscripteur est limitée aux communications obligatoires en fonction des obligations légales et réglementaires qui s'imposent à l'assureur et aux tiers légalement autorisés à obtenir lesdites informations. L'assureur garantit notamment le respect de la loi n°09-08 relative à la protection des personnes physiques à l'égard du traitement des données à caractère personnel. Les données sont protégées aussi bien sur support physique qu'électronique, de telle sorte que leur accès soit impossible à des tiers non autorisés. L'assureur s'assure que les personnes habilitées à traiter les données personnelles connaissent leurs obligations légales en matière de protection de ces données et s'y tiennent. Les données à caractère personnel peuvent à tout moment faire l'objet d'un droit d'accès, de modification, de rectification et d'opposition à côté de la ....(compagnie d'assurance). Expressément, l'assuré/souscripteur approuve que l'assureur utilise ses coordonnées à des fins de prospections commerciales dans le seul but de proposer d'autres services d'assurance. Il peut s'opposer par courrier à la réception de sollicitations commerciales. »

différends infligent automatiquement des sanctions civiles et pénales coûteuses.

Section III- La phase post-contractuelle et les litiges nés du contrat d'assurance

Aujourd'hui, le contentieux en assurances se résout selon deux méthodes : soit la compétence des tribunaux étatiques, soit par les moyens alternatifs de règlement des litiges qui regroupe la médiation et l'arbitrage commercial sans oublier de mentionner la prescription[168] légale extinctive.

1. La compétence des tribunaux

Il est principal de délimiter quel tribunal à saisir en cas de litige entre les parties contractantes ou quand une personne tierce y est impliquée. En effet, le tribunal compétent se rattache à la nature du contrat d'assurance qui peut être civil, commercial ou les deux et aussi à la qualité du demandeur. Autrement dit, les différends qui se rapportent aux contrats d'assurance sont gouvernés par les règles de compétence de droit commun. La qualité civile ou commerciale des parties au contrat fixe la juridiction compétente.

Le simple particulier ou le consommateur doit recourir au tribunal de première instance quand les demandes ne dépassent pas vingt mille (20.000) dirhams (art. 8 du Code de procédure civile marocain). Au-delà de cette somme, c'est la cour d'appel qui est compétente, mais quand la valeur de l'objet du litige est indéterminée, la décision est rendue en premier ressort (art. 12 du même Code).

---

[168] C'est le délai ou le temps légal qui ne permet plus soit de contester la propriété d'un possesseur (prescription acquisitive), soit de poursuivre l'exécution d'une obligation (prescription extinctive) ou la répression d'une infraction (prescription pénale).

Pour les litiges entre des personnes physique ou morale ayant la qualité de commerçant, c'est le tribunal de commerce qui est qualifié à trancher le litige (art. 65 de loi n°53-95 instituant des juridictions de commerce). Comme de juste, l'article 9 de la même loi donne au tribunal de commerce de statuer sur l'ensemble du litige commercial qui comporte un objet civil. En ce sens, l'assuré, un demandeur non commerçant, peut saisir cette juridiction d'un différend qui l'oppose à son assureur-commerçant comme une société anonyme[169] d'assurance. L'assuré pourra choisir entre le tribunal de commerce et celui de première instance. À l'inverse, lorsque le demandeur, assureur ou assuré, est commerçant, mais que le défendeur a la qualité civile, le demandeur doit saisir le tribunal de première instance.

En outre, un conflit impliquant une société mutuelle, un organisme à forme mutuelle et celle islamique est soumis à cette même règle où le tribunal de première instance statue en cas des demandes n'excédant pas vingt mille (20.000) dirhams (les art. 20, 21 de la procédure civile) et la cour d'appel lors d'une demande surpassant vingt mille (20.000) dirhams. Ayant la qualité civile, le contentieux est pratiquement devant la juridiction de droit commun.

Par ailleurs, l'article 27 de la procédure civile et l'article 10 de la loi n°53-95 instituant des juridictions de commerce, la compétence territoriale appartient au tribunal du domicile réel ou élu du défendeur, mais l'article 28 de la procédure civile et l'article 11[170] de la loi n° 53-95 dérogent à cette

---

[169] *Supra.*, note 7.

[170] L'article 11 de la loi n°53-95 instituant des juridictions de commerce édicte que : « Par dérogation aux dispositions de l'article 28 du code de procédure civile, les actions sont portées :

- en matière de sociétés, devant le tribunal de commerce du lieu du siège social de la société ou de sa succursale ;

règle. Dans le premier cas, quand l'objet du litige porte sur un immeuble, c'est le tribunal du lieu de l'immeuble et pour le deuxième cas, il s'agit des sociétés où la compétence du tribunal de commerce est celle du siège social de la société ou sa succursale afin de faciliter les expertises, sauf convention contraire des parties[171].

Il faut attirer l'attention aussi sur d'autres limites. Tout d'abord, si l'assuré est commerçant et a fait l'objet d'une procédure collective[172], le tribunal qui en est saisi est

---

-en matière de difficultés de l'entreprise, devant le tribunal de commerce du lieu du principal établissement du commerçant ou du siège social de la société ;

- en matière de mesures conservatoires, devant le tribunal de commerce dans le ressort territorial duquel se trouve l'objet desdites mesures. »

[171] L'article12 de la loi n°53-95 prescrit que : « Les parties peuvent dans tous les cas convenir par écrit de désigner le tribunal de commerce compétent. »

[172] Une procédure collective est une procédure où une entreprise en difficulté financière est soumise au contrôle judiciaire pour organiser le règlement de ses créances. Elle regroupe tous les créanciers et ils n'ont pas le droit d'ester en justice individuellement. Avant de recourir à une procédure collective selon la gravité de la situation financière de l'entreprise, on utilise des plans de préventions internes (art. 547 du Code de commerce marocain) et externe (art. 549 du Code de commerce) de l'entreprise. Il y a trois procédures collectives : la procédure de sauvegarde, la procédure de redressement judiciaire et la procédure de liquidation judiciaire (art. 545 du Code de commerce). La première est valide pour les compagnies en difficulté sans cessation de paiement, afin de réorganiser et maintenir son activité économique (articles 56 à 574 du Code de commerce). La deuxième procédure qui est le redressement judiciaire vise les entreprises en cessation de paiement. Elle permet à ces compagnies de poursuivre leurs activités tout en faisant l'apurement du passif, c'est-à-dire réaliser l'actif en vendant par exemple les biens de la société afin de rembourser ses dettes (articles 575 à 650 du Code de commerce). La procédure finale est la liquidation judiciaire qui met fin à l'activité d'une société à cause de son incapacité de respecter ses engagements envers ses créances et elle ne peut pas prévoir une consolidation (articles 651 à 669 du Code de commerce).

compétent. Ensuite, l'action directe de la victime contre l'assuré ou son assureur. Si l'un ou l'autre est civil, la juridiction compétente sera la juridiction civile. Lorsque les deux ont la qualité de commerçant, la juridiction compétente dépend de la nature du dommage[173] pour la victime. Si le dommage est commercial (dommage matériel non corporel ou moral) pour la victime, c'est la juridiction commerciale qui sera compétente. Quand le dommage est civil (ex. dommage corporel), la victime peut choisir entre les deux juridictions.

En dernier lieu, les litiges associés à la responsabilité civile délictuelle et quasi délictuelle du fait d'un dommage causé par un véhicule terrestre à moteur non lié à une voie ferrée ou par ses remorques ou semi-remorques est soumis à la compétence de la juridiction civile quel que soit son propriétaire. En matière de réparation d'un préjudice, le choix de la victime est entre le tribunal du domicile du défendeur ou celui du lieu où le dommage a été subi.

Il faut mentionner aussi quand il s'agit des demandes reconventionnelles[174] en compensation, l'article 22 du Code de la procédure civile réfère à l'article 15 qui donne au tribunal compétent pour les demandes qui, par leur nature ou leur valeur, sont dans les limites de sa compétence.

Pareillement, il faut remarquer que l'article 65 de loi n°53-

---

[173] Il y a différents dommages : les dommages corporels qui sont des atteintes à l'intégrité physique d'une personne comme un préjudice conduisant à une maladie ou une blessure, les dommages matériels qui touchent le patrimoine d'une personne. Par exemple, une dégradation d'un bien ou perte de salaire ou de chiffre d'affaires d'un commerçant. Inversement, il y a des dommages extrapatrimoniaux, c'est-à-dire un dommage moral qui atteint l'intégrité morale d'une personne comme l'outrage à l'honneur et à l'image.

[174] La demande reconventionnelle est la demande du défendeur contre le demandeur devant le même juge en vue d'obtenir un avantage autre que le simple rejet de la prétention de son contestataire.

95 suscitée donne compétence au tribunal de commerce quelle qu'en soit la valeur du montant contesté.

En matière des assurances maritimes, c'est l'article 21 de la Convention des Nations unies sur le transport des marchandises par mer de 1978 (Règles de Hambourg) qui est applicable en prescrivant ce qui suit :

> « [...] le demandeur peut, à son choix, intenter une action devant un tribunal qui est compètent au regard de la loi de l'État dans lequel ce tribunal est situé et dans le ressort duquel se trouve l'un des lieux ou ports ci-après :
> a) L'établissement principal du défendeur ou, à défaut, sa résidence habituelle ;
> b) Le lieu où le contrat a été conclu, à condition que le défendeur y ait un établissement, une succursale ou une agence par l'intermédiaire duquel le contrat a été conclu ;
> c) Le port de chargement ou le port de déchargement ;
> d) Tout autre lieu désigné à cette fin dans le contrat de transport par mer. [...] »

Cependant, pour éviter la lenteur du procès juridictionnel, les parties au contrat d'assurance se dirigent vers les méthodes alternatives de règlement de leur litige. La médiation est le premier moyen.

2. La médiation conventionnelle

La médiation conventionnelle[175] est une méthode à l'amiable entre les parties à un contrat pour résoudre leur problème sur un point ou plusieurs points de divergences pour exécuter leurs obligations réciproques en

175 À différencier de la médiation juridictionnelle qui concerne un procès en cours quand un juge intervient pour désigner un médiateur afin d'aider les parties à résoudre leur différend. Elle s'applique principalement dans le contentieux de la famille, des successions et le droit de travail.

considération des éléments de droit et de l'équité. La médiation est souvent pratiquée dans le cadre des conflits entre partenaires d'affaires afin de permettre un bon climat de travail. Au Maroc, sur le plan historique, cette forme de règlement des litiges est très pratiquée par les commerçants à travers un médiateur, l'« Amine », sauf que la médiation moderne est soumise aujourd'hui à des techniques particulières de façon à garantir la sécurité juridique du monde des affaires. Manifestement, l'article 86[176] et 87[177] du Code de l'arbitrage et de la médiation conventionnelle de 2022 donne aux parties au contrat d'élire un médiateur chargé de faciliter la conclusion d'une entente aux fins de mettre fin à leur désaccord dans le respect des dispositions des articles 62[178] et 1099[179] à 1104[180] du Code des obligations et contrats. Les limites de la médiation concernent indubitablement les questions juridiquement hors du commerce comme les questions de l'État et d'ordre

---

[176] Voir : l'article 86 du la loi n°95-17 relative à arbitrage et à la médiation conventionnelle dans sa version en langue arabe, Bulletin officiel du Royaume du Maroc, n° 7099 du 13 kaada 1443 (13 juin 2022), p.1591.

[177] L'article 87 de la loi n°95-17, *Id.*

[178] « L'obligation sans cause ou fondée sur une cause illicite est non avenue.

La cause est illicite quand elle est contraire aux bonnes mœurs, à l'ordre public ou à la loi. »

[179] L'article 1099 du Code des obligations et contrats dit que : « Pour transiger, il faut avoir la capacité d'aliéner, à titre onéreux, les objets compris dans la transaction. » et l'article 1100 édicte que : « On ne peut transiger sur une question d'état ou d'ordre public, ou sur les autres droits personnels qui ne font pas objet de commerce ; mais on peut transiger sur l'intérêt pécuniaire qui résulte d'une question d'état ou d'un délit. »

[180] L'article 1104 du Code des obligations et contrats impose ce qui suit : « Lorsque la transaction comprend la constitution, le transfert, ou la modification de droits sur les immeubles ou autres objets susceptibles d'hypothèque, elle doit être faite par écrit, et elle n'a d'effet, au regard des tiers, que si elle est enregistrée en la même forme que la vente. »

public ainsi que celles sur le statut personnel. La durée de cette transaction doit être fixée par les parties, à défaut le délai est de trois mois à compter de la date à laquelle le médiateur a accepté sa mission avec l'option de prolonger ce délai selon les mêmes formes réservées par la convention de médiation[181]. Le médiateur, tiers neutre et impartial[182], doit émettre un avis soit favorable, soit défavorable de la transaction. Son intervention dans un litige n'a pas un pouvoir décisionnel. Cette transaction n'est pas exécutoire sans l'accord du président du tribunal territorialement compétent pour statuer sur l'objet du litige dans un délai de sept jours [183].

Dans le cadre de l'assurance, la médiation est institutionnelle. Elle est fixée par la Charte de médiation signée par les entreprises membres de la Fédération Marocaine des Sociétés d'Assurances et de Réassurance et l'Autorité du Contrôle des assurances et de la prévoyance sociale[184] (ACAPS).
Le médiateur de l'assurance est désigné par un Comité de nomination et de suivi composé de deux représentants de la Fédération Marocaine des Sociétés d'Assurances et de Réassurance et de deux représentants de l'Autorité de contrôle des assurances et de la prévoyance sociale. Le centre de médiation de l'assurance est indépendant.
En effet, la charte précitée prescrit la procédure à suivre. Elle incite les entreprises d'assurance à informer leurs assurés de l'existence du médiateur et des modalités de saisine quand les litiges impliquent le montant égal ou

---

[181] Voir : l'article 94 de la loi n° 95-17, note 176.
[182] Voir : l'article 98 de la loi n° 95-17, *Id.*
[183] Voir : l'article 100 de la loi n° 95-17, *Id.*
[184] Voir : la loi n°64-12 portant création de l'Autorité de contrôle des assurances et de la prévoyance sociale du 6 mars 2014 qui est entrée en vigueur le 14 avril 2016.

supérieur à 2.000 Dhs. Ce seuil est porté à 5.000 Dhs pour les sinistres relevant de l'assurance maladie.

Aussi, l'assureur doit accepter d'office le processus de médiation, à partir du moment où une réclamation est jugée recevable par le médiateur, mais avant de saisir le médiateur le réclamant doit d'abord utiliser les moyens internes de règlement des litiges propres à l'entreprise d'assurance et doit envoyer à l'assureur, par courrier recommandé avec accusé de réception, tous les justificatifs qui permettent de supporter sa réclamation. Si l'assureur ne répond pas à cette réclamation dans le délai de trente (30) jours à compter de la date de réception du dossier complet, le réclamant peut saisir le médiateur.

La saisine du médiateur suspend la prescription[185], mais une action en justice rend la médiation nulle. De plus, la nullité de la médiation se déclare quand le réclamant a saisi en même temps l'ACAPS ou encore lors une demande injustifiée ou abusive de la part du réclamant.

En conclusion, la saisine du médiateur ne compromet pas le droit d'ester en justice, contrairement à l'arbitrage. C'est vrai que ces deux techniques sont des alternatifs pour régler un litige sans recourir à la justice étatique tout en garantissant la sécurité juridique des transactions commerciales, mais leur implication est différente.

3. L'arbitrage commercial

L'arbitrage bien qu'il soit considéré comme un moyen amiable de règlement des litiges basé sur autonomie des parties et la relativité des contrats, il a un caractère juridictionnel, car la source du pouvoir de l'arbitre de rendre une sentence arbitrale est une convention formalisée entre les parties au différend et cette sentence arbitrale est comme un jugement où un tribunal composé d'un ou

---

[185] *Infra*. p.99 et suiv.

plusieurs arbitres choisis et rémunérés par les parties au litige exerce la mission égale au juge étatique par accord écrit[186] des parties[187]. Sans conteste, la sentence arbitrable a la même force qu'une décision de justice et est soumise à un cadre réglementaire précis. Par conséquent, l'arbitrage est un mode mixte, unicontractuel et mi-juridictionnel.

Dans ce contexte, le Code des assurances donne à la volonté des parties au contrat d'assurance le droit de renoncer à la juridiction étatique. Le consentement des parties est confirmé par l'article 35 de ce Code en édictant que : « (…) 3° toute clause d'arbitrage à laquelle l'assuré n'a pas donné son accord exprès à la souscription du contrat est nulle et non avenue. » Incontestablement, il faut comprendre le fonctionnement[188] de l'arbitrage commercial qui est formé

---

[186] Cf. Pierre-Yves GAUTHIER, « L'équivalence entre supports électroniques et papier, au regard du contrat », dans *Droit et technique – Études à la mémoire du professeur Xavier Linant de Bellefonds*, Paris, Litec, 2007, pp.195-196; Vincent GAUTRAIS, « Fictions et présomptions : outils juridiques d'intégration des technologies. », Conférence Sécurité juridique et sécurité technique : indépendance ou métissage, par le Programme international de coopération scientifique (CRDP / CECOJI), Montréal, 30 septembre 2003.

[187] Voir : les articles 1 à 4 de la loi n°95-17, note 175.

[188] Les sources de l'arbitrage sont de deux sortes : celles internes qui incluent la loi n°95-17 ainsi que les lois parallèles et celles internationales comme la Convention pour la reconnaissance et l'exécution de sentences arbitrales étrangères (New York, 1958). Pour les sources privées, il s'agit de la jurisprudence arbitrale et les conventions d'arbitrage type rédigées par les centres d'arbitrage. Il existe une multitude d'institutions d'arbitrage comme la Cour Internationale d'arbitrage de la Chambre de Commerce international (CCI), le Centre international pour le règlement des différends relatifs aux investissements entre États et ressortissants d'autres États (CIRDI) institué par la Convention de Washington du 18 mars 1965, la Cour commune de justice et d'arbitrage qui règle les différends dans le cadre de l'Organisation pour l'Harmonisation du droit des affaires (OHADA), la London Court of International Arbitration (LCIA), etc.

par la convention d'arbitrage[189]. La loi nº 95-17 dans ses articles 1 et 10 parle de deux formes d'arbitrage : ad hoc et institutionnel. L'arbitrage ad hoc est organisé par les parties au litige sans avoir recours à un organisme spécialisé en la matière et l'arbitrage institutionnel est celui où les parties ont recours à une institution qui est le centre d'arbitrage désigné pour trancher leur litige tout en respectant le règlement dudit centre.

Dans ce sens, on trouve également l'arbitrage assisté qui est un compromis entre les deux formes d'arbitrage ad hoc et institutionnel. Les parties rédigent la clause d'arbitrage et ils nomment un centre d'arbitrage pour l'appliquer. Ce centre gère l'arbitrage non sur la base de son règlement, mais de la clause d'arbitrage des contractants.

Une fois la convention d'arbitrage est mise en œuvre, le caractère juridictionnel de l'arbitrage prend place en constituant le tribunal arbitral[190]. Malgré l'importance de l'arbitrage et le rôle des organismes privés qui l'encadrent, la constitution du tribunal arbitral peut rencontrer certaines difficultés qui peuvent vicier la procédure de constitution du tribunal arbitral. Il peut s'agir du désaccord des parties sur la désignation de tel ou tel arbitre, les comportements dilatoires[191], l'imprécision d'une clause arbitrale, la non-acceptation par l'arbitre de la

---

[189] La convention d'arbitrage revêt la forme d'un compromis d'arbitrage ou d'une clause d'arbitrage (art. 2 de loi nº 95-17). Pour l'extension de la convention d'arbitrage aux tiers ou aux non-signataires de la convention sans consentement est contraire au principe de l'effet relatif des contrats et le droit des compagnies au Maroc qui reconnait à chaque entité une personnalité juridique distincte, toutefois, cette règle n'est pas absolue dans la pratique de l'arbitrage, car certaines institutions du Code des obligations et contrats remettent en cause la relativité des contrats. On trouve par exemple le mandat, la stipulation pour autrui, la cession, etc.

[190] Voir : l'article 20 de loi nº 95-17, note175.

[191] En droit, on parle des actes qui retardent la procédure.

mission d'arbitrage, la suspicion de l'une des parties vis-à-vis de l'indépendance et de l'impartialité des arbitres ou des institutions d'arbitrage, etc. De plus, tous ces modes alternatives des litiges, comme déjà souligné, ont des limites de l'ordre public. On parle des questions intéressant les tiers (compétence des tribunaux) ou relatives aux actes unilatéraux de l'État (art. 16 de la loi n° 95-17) et les questions non commerciales.

Dans le domaine des assurances, l'arbitrage trouve son application dans le cadre de l'assurance maritime internationale[192] où plusieurs intervenants du domaine du transport maritime sont impliqués d'où nombreux types de contrat maritime, sachant que les conventions internationales maritimes ratifiées par le Maroc privilégient le mode de l'arbitrage comme les Règles de York et d'Anvers[193] qui demeurent applicables s'il y a l'insertion de celles-ci dans le contrat de transport maritime. Encore, l'article 24 des Règles de Hambourg susmentionné qui

---

[192] *Infra.*, p.190 et suiv. Voir : G.J. MEIJER, « The Rotterdam Rules and arbitration », Conférence « the Rotterdam Rules appraised », session 3, 25 septembre 2009, Erasmus School of Law.

[193] Par exemple, l'article 22 de la police française des Règles de York et d'Anvers sur marchandises par mer du 20.04.2004 (PF100) stipule que : « Sauf dispositions légales impératives contraires, les litiges entre les assureurs et l'assuré, concernant la présente police, sont tranchés par un tribunal arbitral. Chaque partie nomme son arbitre et les deux arbitres ainsi nommés, nomment le troisième arbitre. En cas de désaccord au sujet de la nomination du troisième arbitre, celui-ci sera nommé par le Président du Tribunal de Première Instance, et ce à la demande de la partie la plus diligente. Le tribunal arbitral décide en dernier ressort, à moins qu'une faculté d'appel ne soit prévue dans le compromis d'arbitrage ou dans la correspondance qui en tient lieu. », (Recueil– 17.12.2007). Disponible sur : < https://www.add.be/storage/files/bc907276-2438-42c7-9da7-a51ac96a330d/police-danvers-20042004-fr.pdf> (consulté le 20 aout 2023).

donne à la stipulation contractuelle et les lois nationales[194] de régir le régime sur les avaries communes. Ajoutant, la Convention internationale de 1973 pour la prévention de la pollution par les navires[195] et la Convention internationale pour la prévention de la pollution des eaux de la mer par les hydrocarbures de 1954 (telle qu'amendée en 1969)[196].
De plus, l'article 85 de la Convention d'Athènes de 2002 relative au transport par mer des passagers et de leurs bagages parle de la procédure d'arbitrage.

Symétriquement, l'application de l'arbitrage est admissible dans les contrats de transport aérien, l'article 32[197] de la

---

[194] Voir : les dispositions 310-332/343 du Code maritime marocain.

[195] L'article 10 de Convention internationale pour la prévention de la pollution par les navires (MARPOL 73) édicte que : « Règlement des différends :
Tout différend entre deux ou plusieurs Parties à la Convention relatif à l'interprétation ou à l'application de la présente Convention, qui n'a pu être réglé par voie de négociation entre les Parties en cause est, sauf décision contraire des Parties, soumis à l'arbitrage à la requête de l'une des Parties, dans les conditions prévues au Protocole II de la présente Convention. » Le protocole II de 1978 donne la procédure de l'arbitrage.

[196] L'article 13 de Convention internationale pour la prévention de la pollution des eaux de la mer par les hydrocarbures dit que : « Tout différend entre les Gouvernements contractants relatif à l'interprétation ou à l'application de la présente Convention qui ne peut être réglée par voie négociation sera, à la requête de l'une quelconque des parties, déféré à la Cour internationale de Justice, à moins que les parties en cause ne s'entendent pour le soumettre à l'arbitrage. »

[197] « Sont nulles toutes clauses du contrat de transport et toutes conventions particulières antérieures au dommage par lesquelles les parties dérogeant aux règles de la présente Convention soit par une détermination de la loi applicable, soit par une modification des règles de compétence. Toutefois, dans le transport des marchandises, les clauses d'arbitrage sont admises, les limites de la présente Convention, lorsque l'arbitrage doit s'effectuer dans les lieux de Compétence des tribunaux prévus à l'article 28 alinéa 1. »

Convention de Varsovie[198] de 1929, révisée à La Haye en 1955[199], donne l'option de l'arbitrage pour résoudre les conflits entre le transporteur, le changeur et le destinateur.

Il ne faut pas oublier les contrats de réassurances où la clause d'arbitrage est privilégiée, puisque l'internationalité de ce contrat exige aussi une solution à l'amiable et un cadre confidentiel de règlement des affaires sensibles mettant en jeu des intérêts stratégiques de ses professionnels.
Les litiges portent généralement sur des difficultés financières et une perte de flux de trésorerie contractuel comme le défaut de paiements des primes à terme, les versements totaux des montants dus par le réassureur ou d'autres modalités n'ont pas été respectés (ex. les fraudes sur les déclarations, violation les clauses contractuelles, la rupture du contrat, etc.).

Contrairement, l'insertion d'une clause compromissoire dans les contrats d'assurance par l'assureur est un procédé abusif quand l'assuré est un consommateur, mais le compromis peut être admissible, car l'assuré peut choisir en cas de conflit son mode de recours.
Toutefois, la déclaration d'un droit à travers le contrat d'assurance est évidemment limitée par les délais légaux.

4. La prescription

Rappelant que la prescription est l'extinction automatique d'un droit ou d'une obligation quand un certain délai est

---

[198] La date de ratification de cette convention par le Maroc était le 5 janvier 1958 et mise en vigueur le 5 avril de la même année.
[199] Confirmé par le Dahir n°1-76-263 portant publication du protocole fait à La Haye le 28 septembre 1955 portant modification de la convention pour l'unification de certaines règles relatives au transport aérien international, signée à Varsovie le 12 octobre 1929.

passé sans réclamation d'une des parties impliquées[200]. Sur le plan des contrats d'assurance, la prescription est principalement de deux ans dans les rapports entre assureur et assuré, selon l'article 36 du Code des assurances, mais elle peut être levée dans plusieurs situations, spécialement par la désignation d'expert lors d'un sinistre ou en cas l'action en paiement des primes par l'assureur. Donc, si une prime n'a pas été réclamée durant deux ans, le souscripteur n'est pas obligé de la payer, pourtant sur le plan éthique, c'est un comportement immoral ; en revanche, l'envoi d'une lettre recommandée avec accusé de réception de mise en demeure brise la prescription. Le souscripteur qui a reçu au cours de ces deux ans une telle lettre ne peut pas refuser de payer la prime du fait que l'action de l'assureur n'est pas prescrite.

Aussi, en cas de réticence, omission, fausses déclarations ou déclarations incomplètes, la prescription ne commerce que le jour où l'assureur a eu connaissance.

Semblablement, la prescription en cas de réclamation de l'indemnisation d'un sinistre est de deux ans dès le jour où l'assuré est informé de l'évènement. Dans les assurances de responsabilité civile, la prescription ne commence à s'écouler que le moment où la victime fait une réclamation à l'assuré pour la bonne raison que c'est cette réclamation qui institue réellement le sinistre. En effet, la prescription de deux ans ne s'applique qu'entre l'assureur et l'assuré et elle est considérablement plus longue quand il s'agit des victimes en assurance de responsabilité civile. En pratique, elle est de dix ans ou plus.

Il y a aussi les exceptions concernant l'assurance de personne qui est de cinq (5) ans, mais elle est portée à dix (10) ans en cas de vie et de capitalisation, lorsque le

---

[200] Il faut faire la différence entre la forclusion et la prescription. La forclusion consiste à la perte d'un droit d'exercer un recours, alors que la prescription c'est le délai légal pour ester en justice.

bénéficiaire est une personne distincte du souscripteur. En outre, le délai de cinq (5) est valable pour l'action de l'assuré pour le paiement des indemnités de la sécurité sociale[201].

De plus, le même délai est admissible en l'assurance automobile en cas d'accident de circulation pour les victimes et leurs ayants droit pour être indemnisé par l'assureur, selon l'article 23 de la loi n°1-84-177 du 2 octobre 1984 relatif à l'indemnisation des victimes d'accidents causés par des véhicules terrestres à moteur et il est de trois (3) ans pour toutes actions en dommages et intérêts non portées devant le tribunal compètent. Pour les demandes en révision d'indemnisation, soit auprès de l'assureur ou devant le tribunal compétent, la prescription est d'une année suivante l'article 24 de la même loi.

Au sujet des contrats d'assurance Takaful, ils sont imprescriptibles, selon l'article 36 du Code des assurances pour la bonne raison que la société d'assurance est juste un gestionnaire du fonds Takaful qui appartient aux participants d'où le transfert des sommes non revendiquées par des participants en cas l'assurance Takaful famille à la

---

[201] L'article 77 de la loi n°1.72.184 du 27 juillet 1972 relatif au régime de sécurité sociale modifié et complété par la loi n°17-02 du 4 novembre 2004 édicte que : « L'action de l'assuré pour le paiement des indemnités journalières de maladie, d'accident, de maternité, de l'indemnité pour perte d'emploi et des allocations familiales ainsi que l'action de l'assuré ou des ayants droit de l'assuré pour le paiement de l'allocation en cas de décès ou des arrérages de pension d'invalidité, de vieillesse et de survivants se prescrivent par un délai de cinq ans.
Le délai de prescription est compté à partir du premier jour du mois civil suivant celui auquel les prestations se rapportent, ou s'il s'agit de prestations de survivants à partir du jour du décès de l'assuré.
Aussi, l'article 77 bis dit : « L'assuré qui bénéficie des indemnités accordées par la Caisse nationale de sécurité sociale doit les réclamer dans un délai de cinq ans, sauf cas de force majeure. »

Caisse de dépôt et de gestion et l'opérateur doit donner avis recommandé aux participants et aux bénéficiaires dans un délai de six (6) mois avant le commencement du délai de dix (10) ans à partir de leur échéance. Du côté de l'assurance Takaful non-vie, l'entreprise de gestion doit procéder à la clôture du dossier de règlement des sommes non réclamées dans le délai de 10 ans aussi, mais ces sommes devineront du passif du fonds.

Par ailleurs, l'article 37 du Code des assurances interdit toute clause du contrat qui contredit la durée de la prescription légale et l'article 38 édicte que la « prescription court même contre les mineurs, les interdits et tous les incapables lorsque ceux-ci sont pourvus d'un tuteur conformément à leur statut personnel. », mis à part des interruptions ordinaires données par la loi ou par la désignation des experts.

Dans le but d'offrir une analyse juridique complète du contrat d'assurance, il faut déchiffrer les différents contrats d'assurance usuels et les divers dommages assurables. On va procéder par les contrats d'assurance terrestres de dommage obligatoires et optionnels.

Partie II- Les contrats d'assurance terrestre de dommage et de transport obligatoires et optionnels

Le premier chapitre va se consacrer aux contrats d'assurance terrestres de dommage et de transport obligatoires comme les assurances de responsabilité civile extracontractuelle.
Le deuxième chapitre va examiner les assurances de dommage optionnelles, mais primordiales dans la société d'aujourd'hui[202].

[202] Le simple exemple est l'octroi d'un crédit bancaire ou celui d'un organisme de crédit qui demande une souscription à une garantie selon le domaine d'activité (ex. garantie vol, incendie ou autres).

Chapitre I- les contrats d'assurance terrestre de dommages et de transport obligatoires

Les assurances de dommages sont destinées à rétrocéder à l'assuré sa part financière avant la survenance du sinistre. Elles tendent à verser une indemnité conforme au préjudice subi.
Avant d'aborder les contrats de dommages obligatoires (II), il est important de comprendre le fonctionnement du principe indemnitaire qui les gouverne. Il faut étudier en premier lieu les conséquences de ce principe (I) en traitant les différents types de proportionnalité des capitaux (1). En deuxième lieu, il est fondamental d'analyser la subrogation légale de l'assureur (2) et en troisième lieu, la transmission du contrat de dommage (3).

Section I- La règle de proportionnalité des capitaux et ses formes

La règle de proportionnalité des capitaux est de savoir si la valeur assurée est égale à la valeur réelle de la chose assurée comme base de l'indemnité. L'article 39 du Code des assurances confirme cette règle[203].
Quand il s'agit des contrats d'assurance maritime et celle aérienne internationale, la valeur assurée peut se faire selon le contrat de vente par plusieurs moyens en cas de sinistre, mais n'excédant pas le montant le plus élevé concernant le prix de revient des marchandises assurées au lieu de

---

[203] L'article 39 du Code des assurances édicte que : « L'assurance relative aux biens est un contrat d'indemnité. L'indemnité due par l'assureur à l'assuré ne peut pas dépasser le montant de la valeur de la chose assurée au moment du sinistre.
Il peut être stipulé que l'assuré restera obligatoirement son propre assureur pour une somme ou quotité déterminée ou qu'il supportera une déduction fixée d'avance sur l'indemnité du sinistre. »

destination, majoré du profit espère ou la valeur à destination à la date d'arrivée, ou encore la valeur de remplacement justifié d'un bien manufacturé, si l'assuré et assureur sont d'accord sous versement une surprime spéciale. Dans le cas de vente dans un lieu de transit à cause des dommages et pertes matériels garantis, l'indemnité d'assurance est déterminée par la différence entre la valeur assurée et le prix net de la vente[204].

De ce fait, les assurances de dommages ne constituent pas une source d'enrichissement de l'assuré[205]. L'indemnité qui doit être versée par l'assureur ne peut pas dépasser le montant de la valeur de la chose assurée au moment du sinistre et cette indemnité ne peut pas excéder le montant de la somme assurée[206]. La charge de la preuve incombe à l'assureur.

Dans ce sens, il faut distinguer entre le principe proportionnel de la prime, déjà traité, quand il s'agit du cas d'aggravation des risques intervenant dans le calcul de la prime et celui des capitaux. Aussi, le principe de la bonne ou mauvaise foi ne joue aucun rôle pour déterminer cette règle, contrairement quand on parle de la prime. Donc, quelles sont les différentes formes de ce principe et ses limites ? De même, quelle est la règle juridique admissible quand l'assuré contracte avec divers assureurs pour un seul risque, ou bien quand il veut ester en justice contre le responsable du dommage, ou encore quand il transmet son contrat d'assurance de dommage des biens ?

---

[204]*Infra.* p. 191 et suiv.

[205] Voir l'article 66 du Code des obligations et contrats marocain.

[206] L'article 19 du Code des assurances prescrit que : « […] L'assureur ne peut être tenu au-delà de la somme assurée. […] ».

1. Les formes de la règle de proportionnalité de capitaux

La règle proportionnelle de capitaux intervient dans trois situations : quand il s'agit de la surassurance (a), de la sous-assurance (b) et en cas des assurances multiples (c). En revanche, il y a des exceptions par rapport à la nature de la chose assurée (d).
Le calcul de l'indemnité se fait par rapport au montant des dommages, la valeur du bien assurée et la valeur du bien au moment du sinistre.
La règle proportionnelle des capitaux n'est pas applicable juste dans le cas d'une clause contractuelle opposée.

A. La surassurance

La surassurance est simplement l'excédent de la somme due par l'assuré pour bénéficier de l'indemnité en cas de sinistre par l'assureur. Selon l'article 41 du Code des assurances, en cas de sinistre, l'assureur va indemniser l'assuré par rapport à la valeur réelle du bien et établira un avenant pour le surplus du montant de la prime afin de réduire les garanties et la cotisation prendra effet au jour du sinistre, exception du cas de dol ou fraude de l'un des contractants[207].

B. La sous-assurance

La sous-assurance est lorsque la valeur assurée est

---

[207] L'article 41 dit que : « Lorsqu'un contrat d'assurance a été consenti pour une somme supérieure à la valeur de la chose assurée, s'il y a eu dol ou fraude de l'une des parties, l'autre partie peut en demander la nullité et réclamer, en outre, des dommages et intérêts.
S'il n'y a eu ni dol ni fraude, le contrat est valable, mais seulement jusqu'à concurrence de la valeur réelle des objets assurés, et l'assureur n'aura pas droit aux primes pour l'excédent. Seules, les primes échues lui resteront définitivement acquises ainsi que la prime de l'année courante quand elle est à terme échu. »

inférieure à la valeur réelle de la chose assurée. Donc, en cas de sinistre, l'assuré va être remboursé dans la proportion du capital assuré relativement à la valeur réelle. On parle de la règle de la réduction proportionnelle des capitaux. En effet, l'article 43 du Code des assurances édite que « S'il résulte des estimations que la valeur de la chose assurée excède au jour du sinistre la somme garantie, l'assuré est considère comme restant son propre assureur pour l'excédent et supporte, en conséquence, une part proportionnelle du dommage, sauf convention contraire. » Ipso facto, la rectification d'une erreur d'estimation de la valeur du risque assuré découle de l'évaluation du risque assuré en considérant le taux de prime et le montant des capitaux. En effet, la différence entre la valeur assurée et la valeur réelle du bien reste à la charge de l'assuré. L'exemple qui en dit long est l'assurance « risques industriels » où la sous-assurance est présente si la déclaration de l'assuré concerne la totalité de ses capitaux.
Une autre illustration est l'article 348 du Code de commerce maritime marocain où l'omission ou manque de fixation de la valeur réelle de l'objet assuré peut se rectifier soit par les documents de vente des produits assurés comme les factures, soit par l'estimation du prix courant au temps et au lieu du chargement en s'intéressant à tous les droits payés et les frais effectués jusqu'à bord, le fret acquis à tout évènement ainsi que le coût de l'assurance et, s'il y a lieu, le profit espère.

Cependant, l'accord de l'assureur est probable selon des secteurs d'activité où la révision du contrat donne plusieurs clauses contractuelles à envisager dans la mesure où la volonté des parties prime. On trouve la clause de tolérance qui donne aux parties à un contrat de se prémunir contre une négligence d'un des contractants. Ce manquement ne peut pas être interprété comme un abandon de la part de l'autre partie de ses droits; la clause de réversibilité ou de report d'excédent qui intervient dans un contrat renfermant un ensemble des biens où c'est la valeur globale des risques qui va être considérée et non pas celle du seul bien objet du sinistre ; la clause d'indexation ou d'échelle mobile, déjà mentionnée, qui permet de réviser la valeur du bien au jour de la réalisation du sinistre et la clause dite de « l'assurance au premier risque » qui autorise une indemnité déterminée avant le sinistre[208].

Par ailleurs, l'assuré a une autre option de protection financière quand il s'agit les contrats d'assurance cumulative.

C. Les assurances multiples cumulatives

Quand l'assuré contracte avec plusieurs assureurs pour un même risque, chaque contrat produit ses effets dans les limites convenues, mais sans que les indemnités puissent excéder le préjudice subi. L'assuré a la faculté de faire appel à l'assureur ou plusieurs de son choix afin d'être indemnisé selon les termes de son contrat. On dit qu'il y a solidarité des assureurs[209]. N.B. Les clauses dites « d'antériorité[210] » sont nulles,

---

[208] *Cf.* Stéphane CORONE, « Les règles proportionnelles de prime et de capitaux », *l'Argus de l'assurance*, France, 07 novembre 2008. Disponible sur : < https://www.argusdelassurance.com/reglementation/legislation/les-regles-proportionnelles-de-prime-et-de-capitaux.26469> (consulté le 3 décembre 2023).

[209] Voir : l'article 42 du Code des assurances.

[210] La clause d'antériorité stipule que, sauf fraude, en cas d'existence de plusieurs contrats d'assurance pour un même risque, la priorité pour choisir un des assureurs est établie selon l'ancienneté, c'est-à-dire suivant leur date de souscription. Le plus ancien devra d'abord intervenir puis en cas de besoin, le deuxième et ainsi de suite jusqu'à le règlement intégral du sinistre.

puisqu'elles sont abusives[211], mais l'assuré a l'obligation d'informer tous les assureurs des contrats conclus pour le même risque assuré.

D. Les exceptions relatives à la nature de la chose assurée

La situation de la chose assurée joue un rôle primordial afin de déterminer les obligations des parties au contrat d'assurance. Naturellement, on peut déduire deux cas : a) quand la diminution ou les pertes subies par la chose assurée proviennent de son vice propre. L'article 44 du Code des assurances protège l'assureur, sauf si le contrat d'assurance englobe ces risques. b) lorsque la chose assurée a déjà péri ou ne peut plus être exposée aux risques. L'article 50 du même Code rend le contrat d'assurance nulle à la souscription du contrat.

En effet, si les primes sont payées par l'assuré, il a le droit de les restituées en déduisant les frais exposés par l'assureur, autres que ceux de la commission, lorsque ces derniers auront été récupérés auprès de l'intermédiaire d'assurance.

Toutefois, quand il s'agit de la mauvaise foi prouvée par

---

[211] L'article 15 de la loi n°31-08 sur les mesures de protection du consommateur édite que: « Dans les contrats conclus entre fournisseur et consommateur est considérée comme abusive toute clause qui a pour objet ou pour effet de créer, au détriment du consommateur, un déséquilibre significatif entre les droits et obligations des parties au contrat.
Sans préjudice des dispositions des articles 39 à 56 du dahir du 9 ramadan 1331 (12 aout 1913) formant code des obligations et contrats, ces dispositions sont applicables, quels que soient la forme ou le support du contrat. Il en est ainsi notamment des bons de commande, factures, bons de garantie, bordereaux ou bons de livraison, billets ou tickets, contenant des stipulations négociées librement ou non ou de références à des conditions générales préétablies. » *Cf.* Nathalie CROTEAU, « Le contrôle des clauses abusives dans le contrat d'adhésion et la notion de bonne foi » (1996) 26 *Revue de droit de l'Université de Sherbrooke* 403.

une des parties, le contractant frauduleux doit à l'autre partie une somme double de la prime d'une année.

N.B. On a déjà souligné une exception au niveau politique, selon l'article 45[212] du Code des assurances qui donne une protection à l'assureur, puisqu'il ne garantit pas les pertes et dommages causés par les guerres étrangères ou civiles et encore quand il s'agit des émeutes ou des mouvements populaires, sauf accord des parties.

2. La subrogation légale de l'assureur

La subrogation légale[213] est une autre conséquence du principe indemnitaire. L'assuré ne doit pas tirer profit d'une autre indemnité par le tiers responsable, alors qu'il a bénéficié de son contrat avec l'assureur, sinon c'est un enrichissement sans cause. Donc, l'assureur de dommages, après versement des indemnités, dispose des droits et actions de son assuré pour exercer un recours contre les tiers responsables du sinistre, exclusion faite des ayants droit et travailleurs de l'assuré. Évidemment, l'assuré doit respecter sa subrogation, sous peine de déchéance, selon l'article 47[214] du Code des assurances, mais si l'assuré (victime) a

---

[212]« L'assureur ne répond pas, sauf convention contraire, des pertes et dommages occasionnés soit par la guerre étrangère soit par la guerre civile, soit par des émeutes ou des mouvements populaires.
Lorsque ces risques ne sont pas couverts par le contrat, l'assuré doit prouver que le sinistre résulte d'un fait autre que le fait de guerre étrangère ; il appartient à l'assureur de prouver que le sinistre résulte de la guerre civile, d'émeutes ou de mouvements populaires. »

[213] L'article 211du Code des obligations et contrats édicte que : « La subrogation aux droits du créancier peut avoir lieu soit en vertu d'une convention, soit en vertu de la loi. »

[214] L'article 47 du Code des assurance dit que : « L'assureur qui a payé l'indemnité d'assurance est subrogé jusqu'à concurrence de cette indemnité, dans les droits et actions de l'assuré contre les **tiers** qui, par

une franchise dans son contrat d'assurance, il a le droit de recours contre le responsable conformément à la partie non couverte.

Il faut rappeler que l'assurance-vie obéit au principe forfaitaire, par conséquent, la subrogation légale de l'assureur est exclue.

Une autre situation où l'assuré abandonne ses droits est le cas de transmission.

3. La transmission du contrat de dommage

Selon l'article 28 du Code des assurances, la transmission du contrat de dommages est soumise à deux conditions : l'assuré est décédé ou en cas de cession/aliénation[215] de la chose assurée.

---

leur fait, ont causé le dommage ayant donné lieu à la garantie de l'assureur.
L'assureur peut être décharge, en tout ou en partie de sa garantie envers l'assuré, quand la subrogation ne peut plus, par le fait de l'assuré, s'opérer en faveur de l'assureur. Par dérogation aux dispositions précédentes, l'assureur n'a aucun recours contre les **conjoints, ascendants**, **descendants**, **alliés** en ligne directe, préposés, employés, ouvriers ou domestiques, et généralement toute personne vivant habituellement au foyer de l'assuré, sauf le cas de malveillance commise par une de ces personnes. »
Aussi, pour les assurances maritimes, l'article 367 du Code maritime marocain édicte que : « Le paiement par l'assureur des indemnités à sa charge entraîne de plein droit subrogation à son profit dans tous les droits, actions et recours pouvant appartenir à l'assuré contre des tiers à raison des pertes ou avaries qui ont fait l'objet de ce paiement.
L'assureur est tenu du paiement des pertes ou avaries dont la responsabilité incombe à un tiers, peut également, même avant paiement, agir en son nom propre contre ce dernier. »

[215] En général, le terme « aliénation » signifie le transfert volontaire de propriété, c'est-à-dire par la vente ou la donation ou encore par l'échange, mais dans grand nombre des cas, il s'agit de la vente.

A. Le décès de l’assuré

En cas de décès de l’assuré, son patrimoine est la propriété des héritiers, ou l’acquéreur légal. De ce fait, l’assurance continue de plein droit au profit des bénéficiers qui doivent honorer leurs engagements comme nouveau souscripteur. Ils doivent demander l’établissement d’un avenant à partir de la date de transfert du contrat au nom du bénéficiaire, néanmoins les nouveaux contractants peuvent résilier le contrat. Les délais sont de quatre-vingt-dix (90) jours pour l’assureur à partir du jour de la demande de transmission du contrat par le bénéficiaire définitif du contrat d’assurance et d’une année principalement pour les assurances en agriculture[216] contre la grêle[217] et la mortalité du bétail, selon l’article 59 du Code des assurances, exception faite de la prime payable à terme où le vendeur des récoltes est déchu du bénéfice du terme pour le paiement de la prime afférente à cette période[218].

---

[216] *Cf.* R.A.J. ROBERTS, *Assurance des récoltes dans les pays en développement,* Organisation des Nations Unies pour l’agriculture et l’alimentation, Rome, novembre 2005. Disponible sur : < https://www.fao.org/documents/card/fr/c/2db61135-261a-590b-b5ec-1b4e1fe5c10b> (consulté le 7 novembre 2023).

[217] La grêle est des morceaux de glace qui, selon leur taille et leur quantité, peuvent occasionner des sérieux dégâts au bétail et aux cultures. Les dommages causés par la grêle sont directement observés et rapidement confirmés en tant que tels sous réserve d’une inspection de terrain.

[218] L’article 28 du Code des assurances édicte que : « En cas de décès de l'assuré ou d'aliénation de la chose assurée, l'assurance continue de plein droit au profit de l'héritier ou de l'acquéreur, à charge pour celui-ci d'exécuter toutes les obligations dont l'assuré était tenu vis-à-vis de l'assureur en vertu du contrat.

Il est loisible, toutefois, soit à l'assureur, soit à l'héritier ou à l'acquéreur, de résilier le contrat. L'assureur pourra résilier le contrat dans un délai de quatre-vingt-dix (90) jours à partir du jour où l'attributaire définitif des objets assurés aura demandé le transfert du contrat en son nom.

Les dispositions du 2e alinéa du présent article ne sont pas applicables aux assurances contre la grêle et la mortalité du bétail […]. »

B. La cession

En cas d'aliénation ou cession, l'assuré doit aviser l'assureur par lettre recommandée de la date de cession pour être libéré de payer les primes. Dans cette lettre, le souscripteur (vendeur) peut demander la résiliation qui prendra effet dans les dix (10) jours après notification. L'assureur dispose du même droit et selon la même procédure. Or, il y a les exceptions concernant les véhicules terrestres à moteur non liés à une voie ferrée ou de ses remorques ou semi-remorques, le contrat est résilié de plein droit à la date d'immatriculation du véhicule au nom du nouveau propriétaire[219]. Pour les véhicules non soumis à immatriculation, la résiliation prend effet huit (8) jours après la cession, selon l'article 29 du Code des assurances[220].

---

[219] L'article 28 du Code des assurances prescrit que : « [...] En cas d'**aliénation** de la chose assurée, celui qui aliène reste tenu vis-à-vis de l'assureur au paiement des primes échues, mais il est libéré, même comme garant des primes à échoir, à partir du moment où il a informé l'assureur de l'aliénation par lettre recommandée.

Lorsqu'il y a plusieurs héritiers ou plusieurs acquéreurs, si l'assurance continue, ils sont tenus solidairement du paiement des primes.

Est nulle toute clause par laquelle est stipulée au profit de l'assureur, à titre de **dommages et intérêts**, une somme excédant le montant de la prime d'une année dans l'hypothèse du décès de l'assuré ou d'aliénation de la chose assurée si l'héritier ou l'acquéreur opte pour la résiliation du contrat. »

[220] « Par dérogation aux dispositions de l'article 28 ci-dessus, en cas d'**aliénation d'un véhicule** terrestre à moteur non lié à une voie ferrée ou de ses remorques ou semi-remorques, et seulement en ce qui concerne le véhicule aliéné, le contrat d'assurance est résilié de plein droit à la date d'immatriculation du véhicule au nom du nouveau propriétaire et s'il s'agit d'un véhicule non soumis à immatriculation, la résiliation prend effet huit **(8) jours** après le jour de la cession.

Dans ce cas, **l'assureur doit rembourser** à l'assuré la portion de prime ou cotisation afférente à la période pendant laquelle le risque n'a pas couru.

Tableau récapitulatif sur les implications du principe indemnitaire

Les cas connectés au principe indemnitaire	**Implications**
Sous-assurance Valeur assurée < valeur réelle	**Règle proportionnelle des capitaux** En cas de sinistre, sauf abandon contractuel (art. 43 du Code)
Surassurance Valeur assurée > valeur réelle	**Plafonnement** des indemnités à la valeur réelle. **Nullité** en cas de fraude prouvée (art. 41 du Code)
Assurance multiple cumulative Plusieurs contrats pour un même risque par divers assureurs	**Plafonnement** des indemnités et répartition proportionnelle **Nullité** en cas de fraude prouvée (art.42 du Code)
Subrogation légale de l'assureur Recours de l'assureur après versement des indemnités à l'assuré	**Recours contre le tiers responsable**, sauf certaines personnes liées à l'assuré (famille et alliés en ligne directe, préposés et domestiques de l'assuré) (art. 47 du Code).

L'assuré et l'assureur peuvent convenir par avenant, avant la vente du véhicule, du **transfert de la garantie** sur un autre véhicule appartenant à l'assuré. […] »

Tableau récapitulatif sur la suspension et la résiliation du contrat d'assurance

Résiliation par le souscripteur	Disparition des circonstances aggravantes ; Résiliation après le sinistre d'un autre contrat d'assurance.	**Suspension par accord des parties**	Ex. : la réquisition de la propriété du véhicule assuré (art. 33 du Code)
Résiliation par l'assureur	Non-paiement des primes ; Aggravation du risque si l'assuré refuse les nouveaux taux de prime ; Avant sinistre en cas de déclaration inexacte.	**Suspension par l'assureur**	Ex. : non-paiement d'une prime ou d'une fraction de prime (art. 21 du Code).
Résiliation de plein droit	En cas de retrait de l'agrément de l'assureur ; En cas d'aliénation du véhicule (à la date d'immatriculation au nouveau propriétaire) ; En cas de perte totale de la chose assurée.	**Suspension de plein droit** Ex. : réquisition de l'usage du véhicule assuré (art. 34 du Code).	

Section II- Les contrats d'assurances de dommages et de personnes obligatoires

Rappelant que l'assurance de dommages renferme deux types de contrat : l'assurance de biens qui garantit à l'assuré l'indemnisation des préjudices occasionnés par les dommages et pertes de ses biens et l'assurance de responsabilité qui répond aux conséquences pécuniaires de la responsabilité civile que l'assuré est impliqué pour donner suite à des dommages corporels, matériels ou immatériels[221]causés aux tiers. En effet, le Code des assurances donne le caractère obligatoire aux contrats de la responsabilité civile extracontractuelle afin de protéger les personnes non parties au contrat d'assurance. La distinction entre la responsabilité civile contractuelle et celle extracontractuelle est importante, puisque la responsabilité civile contractuelle découle de la mauvaise exécution ou de l'inexécution des obligations contractuelles[222], alors que la responsabilité civile extracontractuelle (délictuelle et quasi délictuelle) est la notion qui alloue une obligation à l'auteur d'un dommage causé à autrui[223] afin de le réparer, selon les

---

[221] Il y a les dommages immatériels qui sont marqués par un manque de réparation équitable, car ces dommages ne sont pas physiques. Ils sont abstraits comme la perte de bénéfice, de la souffrance morale ou encore de la perte d'une chance. Ils ne bénéficient que d'une protection partielle par la responsabilité civile en recherchant effectivement un juste équilibre entre la liberté d'agir et ses limites quand on parle les attentes légitimes des victimes comme la perte de chance. Voir : Mireille BACACHE-GIBEILI, *Traité de droit civil*, L*es obligations : la responsabilité civile extracontractuelle* (tome 5), Édition Economica, Paris, 2012, pp. 402-412.

[222] Voir : les articles 261, 262, 263 du Code des obligations et contrats marocain.

[223] *Cf.* Nathalie VÉZINA, « Préjudice matériel, corporel et moral : variation sur la classification tripartite du préjudice dans le nouveau droit de la responsabilité » (1993) 24 *R.D.U.S.* 161 et Geneviève

articles 77 et 78[224] du Code des obligations et contrats marocain.
Dans le Code des assurances, on trouve l'assurance responsabilité civile automobile, l'assurance chasse et l'assurance responsabilité civile professionnelle des entreprises.
Il y a aussi d'autres contrats d'assurance obligatoires dans le Code des assurances, il s'agit de l'assurance de construction incluant l'assurance « tout risque chantier » et l'assurance responsabilité décennale et l'assurance contre les risques catastrophiques. De plus, il est essentiel d'étudier les assurances obligatoires prévues par des textes spéciaux et qui concernent l'assurance accidents de travail[225], l'assurance maladie[226] obligatoire de base (AMO) et celle de la retraite.

1. L'assurance responsabilité civile extracontractuelle

En premier lieu, la responsabilité civile extracontractuelle peut être une responsabilité personnelle, du fait d'autrui

---

VINEY, « Pour une interprétation modérée et raisonnée du refus d'option entre responsabilité contractuelle et responsabilité délictuelle » (1994) 39 *Mc Gill L.J.* 813.

[224] L'article 77 du Code des obligations et contrats dit : « Tout fait quelconque, de l'homme qui, sans l'autorité de la loi, cause sciemment et volontairement à autrui un dommage matériel ou moral, oblige son auteur à réparer ledit dommage, lorsqu'il est établi que ce fait en est la cause directe.
Toute stipulation contraire est sans effet. »
L'article 78 du Code des obligations et contrats impose que : « Chacun est responsable du dommage moral ou matériel qu'il a causé, non seulement par son fait, mais par sa faute, lorsqu'il est établi que cette faute en est la cause directe.
Toute stipulation contraire est sans effet. »

[225] *Infra.*, p.146.

[226] *Infra.*, p. 157.

(art.80[227] du D.O.C), du fait des choses, du fait des animaux (art. 86 du D.O.C) et du fait des bâtiments (art. 89 D.O.C). Donc, le sinistre (conséquence du risque), dans les assurances de responsabilité civile extracontractuelle, est le fait dommageable[228] que l'assuré doit réclamer pour être récompensé. En assurance, les théories de la faute, du risque et de l'indemnisation se combinent en faisant d'un risque une affaire de collectivisation ou de socialisation[229]. Il faut ajouter le principe de précaution[230]pour une meilleure sécurité sanitaire[231]. Ce qui fait de la responsabilité civile une question de prévention du dommage. Ce principe veut responsabiliser l'assuré pour son manque de prévoyance en écartant la garantie des petits sinistres et de bénéficier d'une prime moins coûteuse quand il est vigilant. Autrement dit, la franchise est considérée par rapport au risque moral. L'obligation de précaution de l'assuré se traduit par une franchise que l'assuré doit

---

[227] « On est responsable non seulement du dommage que l'on cause par son propre fait, mais encore de celui qui est causé par le fait des personnes dont on doit répondre […]. »

[228] Voir : Alain LETOURNEAU, « Le sinistre/occurrence en assurance de responsabilité civile » (jav.2007) vol. 74(4) *Assurances et gestion des risques* 587-600.

[229] Voir : Mireille BACACHE-GIBEILI, préc., note 221, pp.1-132.

[230] La définition simple du principe de précaution est de responsabiliser le contractant qui veut profiter injustement de ses droits contractuels comme la négligence d'un propriétaire d'un établissement commercial de prendre des mesures raisonnables pour éteindre un incendie, sachant que l'assureur va l'indemniser. Cf. Maria EL GHEZAOUI, « Analyse régulationniste des incertitudes : de l'assurance au principe de précaution » vol.86 (1-2) juin 2019 *Assurances et gestion des risques* 31–54.

[231] Voir : Anne GUEGAN, « L'apport du principe de précaution au droit de la responsabilité civile » (2000) 2 *Revue Juridique de l'Environnement* 147-178. Disponible sur :
<https://doi.org/10.3406/rjenv.2000.3772
https://www.persee.fr/doc/rjenv_0397-0299_2000_num_25_2_3772>
(consulté le 30oct. 2023).

assumer à cause de sa négligence.
En ce sens, si l'assuré ne déclare pas le sinistre ou bien il prend du retard à le notifier, il perd ses droits. Mais, cette déchéance est inopposable aux victimes. De plus, ce principe évite l'enrichissement sans cause de l'assuré, puisque le risque ou l'aléa moral[232] « moral Hazard en anglais » est exclu.
On va procéder par l'assurance responsabilité civile automobile vu son importance dans la vie quotidienne de nos jours.

A. L'assurance responsabilité civile automobile

Tout d'abord, le contrat d'assurance automobile[233] se divise en deux catégories : les contrats concernant les particuliers où l'assureur examine les caractéristiques du véhicule et celle du conducteur et les contrats dits de « flotte » qui garantissent un ensemble de véhicules qui se rattache à une entité privée ou publique comme l'entreprise.
L'assureur se réfère principalement aux spécificités des véhicules, du moment que les conducteurs varient. Des critères subjectifs jouent aussi un rôle déterminant comme les relations commerciales avec l'entreprise et son poids sur le marché.
Néanmoins, il faut séparer entre la garantie obligatoire qui touche la responsabilité civile extracontractuelle du conducteur[234] et celle facultative entourant les dommages du véhicule assuré, les dommages subis au conducteur et la

---

[232] L'aléa moral est le manque d'incitations à être vigilant, car il est protégé par un contrat d'assurance contre un risque donné. *Cf.* John. M. MARSHALL, « Moral Hazard », (1976) vol.66 (5) *American Economic Review* 880.
[233] Voir : la loi marocaine n°52-05 portant Code de la route et la Convention internationale sur la circulation routière de Vienne de 1968.
[234] La garantie responsabilité civile englobe la responsabilité civile du souscripteur du contrat, du propriétaire du véhicule et de toute personne ayant, avec leur autorisation, la garde ou la conduite du véhicule.

protection juridique[235]. Par ailleurs, il faut mentionner que les effets de ces garanties sont limités au Maroc. L'étendu géographe se produit hors du Royaume juste quand un pays est adhérant à la Convention type interbureaux[236] régissant le système de la carte verte[237] ou s'il est parti à la Convention entre les pays membres de la ligue des États arabes relative à la circulation des véhicules automobiles. Il s'agit de la carte internationale arabe d'assurance pour les véhicules automobiles, dite carte orange[238], ou encore s'il y

---

[235] L'assurance de protection juridique permet de profiter des conseils juridiques et de l'assistance d'un avocat en cas de procès.

[236] Voir : Décision de la Commission de l'Union européenne du 28 juillet 2003 sur l'application de la directive 72/166/CEE du Conseil concernant les contrôles de l'assurance de la responsabilité civile résultant de la circulation de véhicules automoteurs (Texte présentant de l'intérêt pour l'EEE) [notifiée sous le numéro C (2003) 2626], n° L 192 du 31/07/2003 *Journal officiel de l'Union européenne* 0023 – 0039.

[237] Selon l'Arrêté du ministre des Finances et de Privatisation n°213-05 du 26 janvier 2005 relatif aux assurances obligatoires, l'article 2(2) édicte que : « Carte internationale d'assurance automobile dite « carte verte » : Ce document de couleur verte doit être conforme à l'un des modèles adoptés par le conseil des bureaux du système de la carte verte placé sous l'égide du Groupe de travail de transports routiers de la commission économique pour l'Europe.

Les modèles de ladite carte sont disponibles auprès du Bureau central marocain des sociétés d'assurance contre les accidents d'automobile, sis à Casablanca, 154 boulevard d'Anfa, chargé de la gestion du système de la carte verte au Maroc. Des spécimens desdits modèles sont adressés par le bureau précité aux autorités chargées de la police de la circulation et du roulage. ».

La liste des États où l'assurance donne ses effets sont décrits sur le verso du dit certificat, à défaut, un contrat d'assurance frontière du pays accueillant est obligatoire.

[238] Selon l'Arrêté du ministre des Finances et de la privatisation n°213-05 du 26 janvier 2005 relatif aux assurances obligatoires, l'article 2(3), c'est un document de couleur orange, qui doit être conforme au modèle adopté par l'Union générale arabe d'assurances conformément à

a une convention bilatérale[239] ou multilatérale liée à toute autre carte officiellement ratifiée et publiée au bulletin official marocain.
Aussi, la garantie peut être étendue par accord des parties à tout État désigné expressément dans les Conditions particulières du contrat d'assurance.
Par ailleurs, si l'assuré déclare qu'il réside dans l'une des provinces du sud du Maroc désignées dans la réglementation en vigueur, il doit présenter les documents administratifs requis pour justifier sa résidence.
Dans ce sens, cette section va traiter la garantie obligatoire

---

l'accord entre les Bureaux arabes unifiés du 19 juin 1995, conclu en application de la convention de Tunis du 26 avril 1975 relative à la circulation des véhicules automobiles dans les pays arabes publiée par le Dahir n°1-77-183 du 19 septembre 1977.

[239] Les bureaux centraux étrangers signataires d'une convention "Carte verte'' avec le Maroc sont: « Huk Verband » (Allemagne), « Bureau belge des assurances automobile » (Belgique), « Motor Insurance Company » (Bulgarie), « Bureau croate d'assurance » (Croatie), « Dansk Forening for Dk International Motorkoretojforsikring» (Danemark), « Oficina Espanola de Aseguradoras de Automóvil »(Espagne), « Autovakuutus » (Finlande), « Bureau central français» (France), «Motor Insurer's Bureau» (Grèce), «Irish Visiting Motorists' Bureau Ltd » (Irlande), « International Motor Insurance Iceland» (Islande), «Ufficio Centrale Italiano» (Italie), «Bureau luxembourgeois des assurances» (Luxembourg), «Malta Green Card Bureau» (Malte), «Trafikforsikringsforeningen» (Norvège), «Nederland Bureau der motorrijtuigverzekeraars» (Pays-Bas), « Polish Green Card Bureau » (Pologne), « Cabrinete Português de Card Verde » (Portugal), « Bureau of Compulsory Insurance for the CSFR » (Rep. Fédérale tchèque & slovaque), « Green Card Bureau of Iran » (Rep. Islamique d'Iran), « Administratia Asigurarilor de Stat » (Roumanie), « Motor Insurer's Bureau » (Royaume uni de Grande-Bretagne & d'Irlande du Nord), « Slovenian Insurance Bureau » (Slovénie), « Trafikförsäkringsföreningen » (suède), « Syndicat suisse d'assurance automobile » (Suisse), « Bureau automobile tunisien » (Tunisie), « Turkish Motor Insurance Bureau » (Turquie), « Udruzenje Osiguravajucih Organizaci Jugoslavije » (Yougoslavie).

de la responsabilité civile, sachant que la loi protège les victimes d'un accident de la circulation dans lequel est interféré un véhicule terrestre à moteur non lié à une voie ferrée ou par ses remorques et semi-remorques[240]. Ce véhicule doit être muni d'une assurance responsabilité civile. Aujourd'hui, les personnes privées et publiques[241] sont obligées de le souscrire.
Le principe indemnitaire donne aux victimes la compensation pour tous leurs dommages, selon l'article 123 du Code des assurances[242], sauf en cas de faute de leur

---

[240] Les véhicules des chemins de fer et tramways circulant sur les voies qui leur sont distinctives sont régis par leurs propres lois. Voir : Loi n° 52-03 relative à l'organisation, la gestion et l'exploitation du réseau ferroviaire national du 7 janvier 2005 et différents décrets d'application.

[241] Avant le Code des assurances de 2012, la loi excluait l'État, la maison royale et le roi de l'assurance responsabilité civile automobile.

[242] L'article 123 du Code des assurances donne des montants d'indemnisation comme suit :
« Le montant de la garantie afférente à la réparation des dommages visés à l'article 121 ci-dessus ne peut, dans les limites des dispositions du dahir portant loi n°1-84-177 du 6 moharrem 1405 (2 octobre 1984) relatif à l'indemnisation des victimes des accidents causés par des véhicules terrestres à moteur, être inférieur à cinquante millions (50.000.000) de dirhams par véhicule et par évènement.
Toutefois, ce minimum est de vingt-cinq millions (25.000.000) de dirhams, lorsqu'il s'agit d'un véhicule à deux roues d'une puissance fiscale n'excédant pas 2 chevaux fiscaux (CV).
En ce qui concerne les véhicules servant au transport de voyageurs, à titre onéreux, le contrat doit garantir :
1° la responsabilité civile du propriétaire du véhicule vis-à-vis des tiers non transportés à concurrence d'un minimum de cinquante millions (50.000.000) de dirhams par véhicule et par évènement ;
2° la responsabilité civile du transporteur vis-à-vis des personnes transportées à concurrence d'un montant ne pouvant être inférieur ni à celui obtenu en multipliant un million (1.000.000) de dirhams par le nombre de places de voyageurs autorisés dans le véhicule, ni à cinquante millions (50.000.000) de dirhams par véhicule et par évènement. »

part. Il convient de distinguer entre les dommages corporels et les dommages matériels.

a. L'indemnisation des dommages corporels

Les dommages corporels sont indemnisés diversement selon la faute intégrale du conducteur ou pas. La faute du conducteur a pour effet de limiter ou d'exclure l'indemnisation des dommages qu'il a subi. Par exemple, si un conducteur est fautif à 50 %, il va être remboursé à raison de la moitié.

Concernant les victimes comme les piétons, les passagers et les cyclistes, la loi identifie deux groupes : les victimes bénéficiant d'une protection juridique absolue et les victimes dont le comportement est une condition de dédommagement.

- Les victimes normales dites non privilégiées : le comportement de ces personnes est pris en considération pour bénéficier de l'indemnité. Indiscutablement, la faute intentionnelle et la faute inexcusable de la victime produisant catégoriquement l'accident, supprime toute indemnisation de son préjudice.
- Les victimes bénéficiant d'une protection absolue (victimes privilégiées ou protégées) : cette catégorie de victimes inclut les victimes de moins de 16 ans, de plus de 70 ans ou qui sont atteints d'une invalidité de 80 % minimum. Ces victimes sont indemnisées en toutes circonstances, non compris l'hypothèse d'une faute intentionnelle comme le piéton qui se jette sous un bus ou un camion dans le seul but de se suicider. Dans ce cas, le piéton ou ses ayants droit ne perçoivent aucune indemnité.

En effet, c'est le Fonds de garantie des accidents de la

circulation qui se charge de réparer de façon intégrale ou relative les dommages corporels causés par des accidents de circulation des véhicules terrestres à moteur non lié à une voie ferrée[243], ou par ses remorques ou semi-remorques (art.134 du Code des assurances) qui sont contrôlés par le ministère chargé des finances (art.139 du même Code).
L'indemnité est calculée, selon un barème fonctionnel des incapacités. Les bases d'évaluation de l'indemnisation sont édictées par la loi n°1-84-177 du 2 octobre 1984 relatif à l'indemnisation des victimes d'accidents causés par des véhicules terrestres à moteur non lié à une voie ferrée ou par ses remorques ou semi-remorques[244].
En cas de décès de la victime, la réparation englobe les préjudices moral et matériel ainsi que les pertes de ressources et le remboursement des frais funéraires.

Il faut indiquer, dans ce sens, les personnes exclues ou qui ne bénéficient pas de cette obligation. On trouve le conducteur, le souscripteur du contrat d'assurance, le propriétaire du véhicule assuré et toute personne ayant, avec leur autorisation, la garde ou la conduite du véhicule, les représentants légaux de la personne morale propriétaire du véhicule assuré, lorsqu'ils sont transportés dans ledit véhicule, les salariés ou préposés de l'assuré ou du

---

[243] Le droit à l'indemnisation des victimes d'accidents mettant en cause un chemin de fer ou tramway n'est pas systématiquement facile à appréhender, car l'exploitant du chemin de fer ou du tramway est souvent exonéré par la force majeure (articles 268, 269 du Code des obligations et contrats), le fait d'un tiers ou la faute simple de la victime.
[244] Voir : la loi n°1-84-177 du 2 octobre 1984 relatif à l'indemnisation des victimes d'accidents causés par des véhicules terrestres à moteur, Bulletin officiel du Royaume du Maroc n°3753 du 3 octobre 1984, p. 388 et l'Arrêté du ministre des Finances et de Privatisation n°1053-06 du 28 rabii II (26 mai 2006) fixant les conditions générales-types des contrats relatifs à l'assurance responsabilité civile automobile, Bulletin officiel du Royaume du Maroc n°5436 du 6 juillet 2006, p.1023.

conducteur pendant leur service (art.124 du Code des assurances).

b. L'indemnisation des dommages matériels

Les dommages matériels sont indemnisés, selon la tarification pareille. Les victimes qui sont privilégiées ou pas se placent dans la même position. Aucun groupe ne bénéficie d'une protection exclusive. Ainsi, la faute de la victime a pour conséquence de limiter ou d'exclure l'indemnisation des dommages matériels qu'elle a subis.

N.B : les dommages exclus sont nombreux, il y a, par exemple, des dommages atteignant les biens de l'assuré ou dont il a la garde, les dommages concernant les marchandises et objets transportés comme en matières inflammable, explosive, corrosive (…) et les dommages occasionnés intentionnellement par l'assuré responsable. Aussi, les limites par rapport à la validité du permis de conduire et la sécurité des passagers.

D'autre part, le principe de précaution se manifeste relativement à l'assurance responsabilité civile automobile par un système appelé « Coefficient réduction/majoration » qui a remplacé l'ancien système Bonus/Malus. En 2006, le système agit sur la prime selon d'un coefficient qui fonctionne comme suit : la réduction de 10% de la prime si aucun accident est survenu entraînant la responsabilité de l'assuré durant la période de vingt-quatre (24) mois consécutifs précédant la souscription et inversement la prime est majorée de 20 % si plusieurs accidents sont établis durant les douze (12) mois précédents la souscription. En cas de renouvellement du contrat d'assurance, la prime est majorée de 20 % pour les dommages matériels à cause d'un accident de circulation et de 30% pour chaque accident corporel sans pour autant pouvoir dépasser 250% de la prime de base.

Ces taux sont respectivement de 15% et de 20% si le véhicule assuré est destiné au transport public de voyageurs ou quand le contrat d'assurance concerne la responsabilité civile garagiste[245].

En résumé, l'indemnité suggérée par l'assureur doit couvrir les dommages corporels ou les dommages causés à l'intégrité physique de la victime en se référant au barème fonctionnel des incapacités susmentionné (ex. les frais médicaux, chirurgicaux, pharmaceutiques et d'hospitalisation ainsi que les appareils de prothèse et d'orthopédie).
Pour les dommages matériels subis par la victime, cette indemnisation est bien sûr attachée au principe de la bonne foi où la faute intentionnelle ou celle inexécutable vicie le dédommagement.

Dans ce contexte, la loi a établi la procédure de contrôle et les sanctions prévues en cas de manquement à l'obligation de souscrire une assurance de responsabilité civile automobile.

c. Le contrôle des documents exigibles et les sanctions de l'obligation

Tout conducteur de véhicule terrestre à moteur non lié à une voie ferrée ou par ses remorques ou semi-remorques doit posséder les documents dont les conditions d'établissement et de validité sont définies par voie réglementaire, concrétisant la présomption de l'obligation d'assurance.
Ces documents n'impliquent pas une obligation de garantie à la charge de l'assureur.
Aujourd'hui, le document qui s'importe est **l'attestation d'assurance**. Elle est remise au moment de la formation du contrat, puis à chaque échéance de prime pour permettre un

[245] Confirmée par l'Autorité de contrôle des assurances et de la prévoyance sociale (ACAPAS) sur : < https://www.acaps.ma/fr/nous-repondons-vos-questions/vos-questions-sur-lassurance> (consulté le 30 oct. 2023).

contrôle simple et vite de l'obligation d'assurance. L'attestation indique l'identité du souscripteur et de l'assureur, les références du contrat d'assurance, l'identification du véhicule et la période de garantie.

Ce n'est pas une preuve d'assurance, mais une présomption d'assurance. La possession de ce document ne prouve pas qu'il existe un contrat d'assurance valable. En effet, le contrat peut être suspendu, résilié ou annulé. L'attestation reste valide un mois après l'expiration de la période mentionnée. Autrement dit, l'attestation d'assurance qui est signée juste par l'assureur ou son mandataire ne constitue pas une preuve de l'existence du contrat d'assurance comme édicté dans le deuxième alinéa de l'article 126 du Code des assurances :

> « Cette présomption résulte de la présentation aux fonctionnaires ou agents chargés de constater les infractions à la police de la circulation et du roulage de l'un des documents dont les conditions d'établissement et de validité sont fixées par voie réglementaire. Ces documents n'impliquent pas une obligation de garantie à la charge de l'assureur ».

La présentation de l'attestation d'assurance ne témoignera donc pas que la garantie reste recevable si le contrat est résilié.

En 2005, l'Arrêté n°213.05 relatif aux assurances obligatoires du ministre de l'Économie, des Finances et de Réforme de l'administration[246] a déterminé les conditions de constitution et de validité de l'attestation d'assurance selon le modèle d'usage des véhicules. L'assureur doit remettre au souscripteur l'attestation d'assurance correspondante au cours de la souscription ou du renouvellement du contrat d'assurance couvrant la responsabilité civile automobile. Si le contrat a été modifié par un avenant affectant l'une des caractéristiques visées à cette attestation, il doit lui remettre une nouvelle attestation d'assurance.

---

[246] Aujourd'hui, on parle du ministère de l'Économie et des Finances.

Par ailleurs, le **certificat d'assurance** ou vignette[247] (le nom officiel de la vignette est le « certificat d'assurance ») n'est plus un document destiné à rendre public le respect de l'obligation d'assurance. Ce certificat constitue seulement une taxe annuelle pour le budget de l'État et ne contribue pas au Fonds d'indemnisation des accidents de circulation.
Après le contrôle des documents exigibles, le Code des assurances parle des sanctions. Selon l'article 130, le conducteur d'un véhicule terrestre à moteur non lié à une voie ferrée ou par ses remorques ou semi-remorques est passible d'une amende de deux cents (200) à quatre cents (400) dirhams s'il manque de présenter l'attestation d'assurance en cas de besoin comme un document de l'obligation d'assurance.
De même, l'article 131 du Code des assurances, la conduite d'un véhicule terrestre à moteur non lié à une voie ferrée ou par ses remorques ou semi-remorques qui n'a pas contracté une assurance « R.C. Auto » est passible d'une peine d'emprisonnement d'un (1) à six (6) mois et une amende de 1.200 à 6.000 dirhams ou l'une de ces deux peines. De plus, en cas de récidive, l'amende peut être portée au double.
Aussi, l'article 132 du Code des assurances prohibe les conventions conclues par des intermédiaires d'assurance pour se charger, moyennant rémunération convenue au préalable, d'assurer aux victimes d'accidents de la circulation ou à leurs ayants droit le bénéfice d'accords amiables ou de décision judiciaire. Ce comportement est passible d'une amende de mille (1.000) à dix mille (10.000)

[247] Ce document correspond au modèle agréé par le ministère de l'Économie, des Finances et de la réforme de l'administration qui comprend les données suivantes : le nom de l'assureur, le numéro du contrat permettant l'identification de l'assuré, le numéro d'immatriculation du véhicule ou carte grise (ou de moteur pour les véhicules non soumis à immatriculation) et la période de validité de d'assurance.

dirhams et en cas de récidive d'une amende de vingt mille (20.000) à deux cent mille (200.000) dirhams.
D'autre part, selon le même article, le tribunal :

> « devra ordonner la publication d'un extrait du jugement dans un ou plusieurs journaux habilités à recevoir des annonces légales et son affichage pendant un (1) mois à la porte du ou des bureaux de l'intermédiaire, le tout aux frais du condamné. »

Finalement, la dissimulation ou la destruction totale ou partielle de ces affiches intentionnellement par le condamné sont passibles d'une peine d'emprisonnement de six (6) à quinze (15) jours et il sera procédé à nouveau à l'exécution intégrale des dispositions relatives à l'affichage aux frais du condamné.

Il ne faut pas oublier la création de l'Agence nationale de la sécurité routière (NARSA) en 2018 par la loi n°103-14[248]. Selon l'article 2 de cette loi, cette entité publique a un rôle de contrôleur de la sécurité et de la sûreté routières. Elle doit élaborer, exécuter et suivre la stratégie économique et réglementaire de la sécurité routière du pays afin de veiller à une bonne gouvernance.

En conclusion, il est important d'insister sur les nouveautés du Code des assurances de 2002 en matière d'assurance automobile comme la disparition de l'exclusion des membres de la famille de l'assuré ou du conducteur de la garantie (conjoints, ascendants, descendants) et le montant de la garantie responsabilité civile n'est plus illimité. Aussi, l'attestation d'assurance est une simple présomption de garantie. L'assuré doit désormais justifier d'avoir satisfait à cette obligation. L'attestation de cessation de garantie est remplacée par le relevé d'informions. Item, les exclusions

---

[248] Voir : Loi n°103-14 portant création de l'Agence nationale de la sécurité routière du 22 févier 2018, Bulletin officiel du Royaume du Maroc, n° 6736 du 20 décembre 2018, p. 1939.

absolues sont les dommages intentionnels, les dommages causés par le véhicule en tant que transport à titre onéreux, les dommages occasionnés par les professionnels de l'automobile (garagiste, réparateur, etc.), et l'invalidité de permis de conduire en cas de sinistre. Pour les exclusions rachetables, il y a le transport des matières inflammables, courses, rallyes et compétitions. De plus, les dommages aux marchandises transportées, et les dommages résultant du fonctionnement des bennes basculantes et autres engins[249].

B. L'assurance chasse

Toute personne physique qui vient faire la chasse doit procéder à la demande d'un permis de chasse et de port d'armes qui est délivré par l'Administration des eaux et forêts[250].

Ce permis de chasse est obligatoirement accompagné d'une attestation d'assurance délivrée par une entreprise d'assurance et de réassurance afin de garantir la responsabilité civile du chasseur pour les accidents causés par lui involontairement à des tiers pendant la durée de la validité de son permis de chasse. La résiliation ou la suspension de la garantie d'assurance rend le permis de chasse invalable et il est retiré provisoirement par l'autorité

---

[249] Voir : L'Arrêté du ministre des Finances et de la Privatisation n°1053-06 du 28 rabii II (26 mai 2006), note 244.

[250] L'article 5 du Dahir du 21 juillet 1923 sur la police de la chasse édicte que : « Nul chasseur, marocain ou étranger résident, ne peut chasser s'il n'est porteur d'un permis de chasse délivré en son nom, par le gouverneur de la province ou de la préfecture ou son délègue, sous réserve des conditions suivantes: [...] - présenter une attestation d'assurance délivrée par une entreprise d'assurances et de réassurances dûment agréée garantissant, pendant la durée de la validité du permis de chasse, la responsabilité civile du chasseur pour les accidents causés par lui involontairement à des tiers, conformément aux dispositions du titre premier du livre II de la loi n° 17-99 portant Code des assurances. [...] » ; Voir : La loi n°54-03 du 15 juin 2006 modifiant et complétant la loi sur la police de la chasse du 21 juillet 1923.

chargée de sa délivrance quand l'entreprise d'assurance et de réassurance a notifié l'autorité compétente où l'assuré à son domicile, selon l'article115 du Code des assurances.
En 2016, le montant de la couverture d'assurance concernant les risques issus de la chasse ne peut être inférieur à cinquante millions (50.000.000) dirhams par évènement.
En outre, les victimes et leurs ayants droit des accidents corporels occasionnés par tout acte de chasse ont droit à l'indemnité sans aucune déchéance mise à part la suspension régulière de la garantie pour non-paiement de prime ou de cotisation (art.116 du Code des assurances).

C. L'assurance responsabilité civile professionnelle ou d'exploitation obligatoire

Cette assurance responsabilité civile est toujours liée aux sections d'activités où le risque varie selon le degré attaché à la vie humaine. On trouve les professionnels du secteur commercial (les entreprises et associations lucratives), les professionnels de la santé particulièrement à cause du risque élevé des fautes professionnelles médicales, les professionnelles du droit et de la justice comme les avocats, huissiers de justice, notaires (…) à raison des erreurs ou omissions.
Ces professionnelles ont une obligation de conseil, de loyauté, de prudence et de diligence ainsi que l'obligation d'assurer l'efficacité de leurs actes.
On peut citer aussi, l'assurance responsabilité civile des

experts-comptables[251], des agents immobiliers[252], des agences de voyages[253], des courtiers et agents généraux d'assurance[254], des sociétés de Bourse[255], des établissements touristiques[256] et des concessionnaires portières[257].

L'assurance responsabilité civile professionnelle des

---

[251] Voir : Dahir n°1-92-139 du 14 rejeb 1413 (8 janvier 1993) portant promulgation de la loi n°15-89 réglementant la profession d'expert-comptable et instituant un ordre des experts-comptables et le Dahir n°1-15-111 du 4 aout 2015 portant promulgation de la loi n°127-12 réglementant la profession de comptable agréé et instituant une organisation professionnelle des comptables agréés.

[252]Le statut des agents immobiliers est régi par le Code de commerce en qualité des intermédiaires commerciaux. Le projet de loi n°36.17 portant sur l'organisation de l'exercice d'activité d'agent immobilier est toujours en attente d'approbation, depuis 2017 après son dépôt auprès du Secrétariat général du gouvernement par l'Union régionale des agents immobiliers de la région Casablanca- Settat.

[253] Voir : Dahir n°1-18-107 du 2 joumada I 1440 (9 janvier 2019) portant promulgation de la loi n°11-16 réglementant la profession d'agent de voyage.

[254] L'article 303 du Code des assurances édite que : « Les intermédiaires d'assurances sont tenus de garantir la responsabilité civile qu'ils peuvent encourir en raison de leurs activités. Cette garantie doit être matérialisée par la souscription d'un contrat d'assurance pour un montant au moins égal à cinq cent mille (500.000) dirhams pour les agents et un million (1.000.000) de dirhams pour les sociétés de courtage.

Il est interdit à une entreprise d'assurances et de réassurance agréée pour pratiquer l'opération d'assurance contre les risques de responsabilité civile de refuser de garantir les intermédiaires d'assurances assujettis à l'obligation d'assurance instituée par l'alinéa précédent. »

[255] Voir : Dahir n°1-16-151 du 21 kaada 1437 (25 aout 2016) portant promulgation de la loi n°19-14 relative à la Bourse des valeurs, aux sociétés de bourse et aux conseillers en investissement financier.

[256] Voir : Dahir n°1-15-108 du 18 chaoual 1436 (4 aout 2015) portant promulgation de la loi n°80-14 relative aux établissements touristiques et aux autres formes d'hébergement touristique.

[257] L'article 24 de la loi n°15-02 relative aux ports et portant création de l'Agence nationale des ports et de la société d'exploitation des ports du 23 novembre 2005.

entreprises garantit les dommages occasionnés par le personnel de l'entreprise, l'entrepreneur lui-même, son matériel et ses produits. Les dommages assurés peuvent être corporels, patrimoniaux et d'ordre pécuniaire à la suite d'une perte financière ou encore environnementale. Concernant les risques industriels, il faut savoir que les évènements accidentels qui se produisent sur un site industriel donner des conséquences immédiates sérieuses pour le personnel, les populations avoisinantes, les biens et l'environnement principalement les industries chimiques, pétrochimiques et métallurgiques. En conséquence, quand un risque est considéré comme un danger pour la population et l'environnement l'État, en tant que régulateur, établit des instruments appropriés pour la protection du système socio-économique et environnemental.

L'illustration probante est la responsabilité civile d'exploitation du risque nucléaire, puisque le Maroc a ratifié la Convention de Vienne de 1963 relative à la responsabilité civile en matière des dommages nucléaires en 1999. Donc, l'exploitant d'une installation nucléaire doit souscrire une assurance ou toute autre garantie financière pour couvrir sa responsabilité civile due aux dommages nucléaires[258].

Cette convention est confirmée par la loi n°12-02 relative à la responsabilité civile en matière des dommages

[258] L'article VII. 1. de cette convention édicte que : « L'exploitant est tenu de maintenir une assurance ou toute autre garantie financière couvrant sa responsabilité pour dommage nucléaire ; le montant, la nature et les conditions de l'assurance ou de la garantie sont déterminés par l'État où se trouve l'installation. L'État où se trouve l'installation assure le paiement des indemnités pour dommage nucléaire reconnues comme étant à la charge de l'exploitant en fournissant les sommes nécessaires dans la mesure où l'assurance ou la garantie financière ne serait pas suffisante, sans que ce paiement puisse toutefois dépasser la limite éventuellement fixée en vertu de l'article V. »

nucléaires[259], promulguée le 7 janvier 2005 où l'article 19 édicte que :

> « Tout exploitant d'une installation nucléaire est tenu d'avoir et de maintenir une assurance ou une autre garantie financière à concurrence, par accident, du montant de sa responsabilité civile tel que prévu à l'article 22 ci-dessous. »

Dans ce sens, il faut porter une attention particulière sur le risque environnemental qui a une place préoccupante au niveau du globe à cause du changement climatique et l'impact néfaste sur l'écosystème. Malheureusement, tous les risques de l'environnement ne sont pas assurables. Cela dépend de l'assurabilité ou non par l'assureur. En principe, ce sont juste les conséquences de la pollution accidentelle qui sont assurables. En effet, les exclusions sont multiples[260] où les dommages écologiques et de pollution générale sont toujours soumis à un début acharné entre la communauté scientifique de l'environnement et celle des économistes, des sociologues et des politiciens. Au Maroc, la constitution de 2011 a instauré le Conseil économique, social et environnemental afin d'assister et orienter toutes les institutions étatiques dans leurs missions de développement économique, social et environnement[261].

De même, on a déjà souligné que la politique de l'État en matière de prévention des risques industriels est d'imposer une réglementation stricte concernant les activités

---

[259] Voir : la loi n°142-12 relative à la sûreté et à la sécurité nucléaires et radiologiques et à la création de l'Agence marocaine de sûreté et de sécurité nucléaires et radiologiques (22 aout 2014).

[260] Cf. Aziz SAHEB-ETTABA, « La protection juridique de l'environnement marin dans le cadre du transport maritime de substances nocives et potentiellement dangereuses » (1998) 32 *Les Éditions Thémis* 520 ; Isabelle FORTIN, « Réflexion sur l'assurabilité du risque environnemental au Québec » (2000)41(3) *Les Cahiers de droit* (C.D.) 373, 491 et suiv.

[261] Voir : les articles 151,152 et 153 de la constitution marocaine et Conseil Économique, Social et Environnemental, Rapport annuel 2023, Bulletin officiel marocain n°7355 bis (25-11-2024) p. 2760.

industrielles dangereuses. De plus, il ne faut pas oublier les secteurs clés du commerce international, c'est-à-dire le transport maritime et celui aérien où le régime légal de l'assurance est influencé par les conventions et textes internationaux en place, afin d'assurer la sécurité financière de l'assuré. Par exemple, en tant que passager, le montant minimal de la couverture est élevé[262].

D. L'assurance de la construction

L'assurance construction est l'assurance de responsabilité civile professionnelle qui concerne tous risques chantier et la responsabilité décennale du bâtiment.

1) <u>L'assurance tous risques chantier</u> :

Elle est définie par l'article 157-1 du Code des assurances obligeant le maître de l'ouvrage[263] à souscrire une assurance afin de protéger les professionnels intervenants sur le chantier de construction comme les ingénieurs, les architectes et les personnes [264]physique ou morale ayant

---

[262] Voir : la Convention d'Athènes de 2002 relative au transport par mer de passagers et de leurs bagages et la Convention pour l'unification de certaines règles relatives au transport aérien international de Montréal du 28 mai 1999.

[263] Le maître d'ouvrage est la personne physique ou morale pour le compte de qui s'effectuent les travaux et qui prend possession de l'ouvrage après son achèvement ainsi que tout autre personne qui en deviendrait propriétaire par la suite, alors que le maître d'œuvre est la personne ou l'organisme qui conçoit et dirige la construction d'un édifice ou d'un ouvrage que le maître d'ouvrage a engagé et l'ouvrage est l'ensemble des biens, des matériaux et des travaux qui sont l'objet du marché défini dans le contrat d'assurance aux conditions particulières de la police d'assurance.

[264] L'article 723 du Code des obligations et contrats ordonne que « Le louage de services ou de travail est un contrat par lequel l'une des parties s'engage, moyennant un prix que l'autre partie s'oblige à lui payer, à fournir à cette dernière ses services personnels pour un certain temps ou à accomplir un fait déterminé.

conclu avec le maître de l'ouvrage un contrat de louage, contre les dommages liés à l'ouvrage, dite l'assurance risque chantier.

Et, l'article 157-4 parle de la garantie responsabilité civile chantier intéressant la réparation des dommages causés à toute personne autre que le maître d'ouvrage ou ceux qui travaillent sur le projet de construction (article 157-5 du Code des assurances), à la limite des conditions exclusives comme les dommages relatifs au sol ou des ouvrages mitoyens quand les recommandations des études faites n'étaient pas respectées avant le démarrage des travaux et des dommages qui sont déjà soumis à la couverture de l'assurance automobile de l'article 120 du Code des assurances, etc.

Concernant l'estimation financière de la garantie responsabilité civile chantier, l'article 157-6 du Code des assurances donne le montant minimal qui est entre quatre millions (4.000.000) de dirhams et quarante millions (40.000.000) de dirhams avec l'option de franchise fixée par l'administration concernée sur proposition de l'Autorité de contrôle. Cette franchise ne peut être opposée ni aux tiers ni au maître de l'ouvrage en ce qui concerne les dommages causés à l'ouvrage.

Il faut souligner que si cette assurance fait défaut, la sanction du maître d'ouvrage est une amende égale à six (6) dirhams multipliés par le nombre des mètres carrés de la superficie couverte déterminé par le permis de construction et une amende de cinq mille (5.000) à cent mille (100.000) dirhams pour les professionnels intervenant sur le chantier (art. 157-9 du même Code).

Le louage d'ouvrage est celui par lequel une personne s'engage à exécuter un ouvrage déterminé, moyennant un prix que l'autre partie s'engage à lui payer.

Le contrat est, dans les deux cas, parfait par le consentement des parties. »

2) L'assurance responsabilité décennale :

La responsabilité décennale s'applique à des professionnels de la construction. Il s'agit de l'architecte, l'entrepreneur, le promoteur et le fabricant des composants réservés à la construction[265].

Cette responsabilité de dix (10) ans s'exerce dans les situations des dommages relatifs à l'ouvrage, c'est-à-dire la stabilité du bâtiment et ses éléments accessoires (ex. les escaliers, ventilation défectueuse, etc.).

La garantie doit couvrir les travaux qui se rapportent à l'objet du chantier, pendant la période de validité du contrat (équivalente à la durée de la responsabilité) mise à part les cas de force majeure, les dommages et pertes engendrées par la guerre étrangère, la guerre civile, les émeutes, les mouvements populaires et les actes de terrorisme ou de sabotage. De même, en cas de faute de la victime ou quand les dommages et pertes sont causés par le non-respect des réserves d'ordre technique[266] émises par le bureau de contrôle et dûment notifiées au maître de l'ouvrage, lorsque lesdites réserves n'ont pas été levées.

---

[265] L'article 769 du Code des obligations et contrats édicte que : « L'architecte ou ingénieur, et l'entrepreneur chargés directement par le maître sont responsables, lorsque, dans les cinq années à partir de l'achèvement de l'édifice ou autre ouvrage dont ils ont dirigé ou exécuté les travaux, l'ouvrage s'écroule, en tout ou en partie, ou présente un danger évident de s'écrouler, par défaut des matériaux, par le vice de la construction ou par le vice du sol.

L'architecte qui n'a pas dirigé les travaux ne répond que des défauts de son plan.

Le délai de dix ans commence à courir du jour de la réception des travaux. L'action doit être intentée dans les trente jours à partir du jour où s'est vérifié le fait qui donne lieu à la garantie ; elle n'est pas recevable après ce délai. »

[266] Cf. Décret n°2-02-177du 9 hija 1422 (22 février 2002) approuvant le règlement de construction parasismique (R.P.S2000) applicable aux bâtiments, fixant les règles parasismiques et instituant le Comité national du Génie parasismique.

En outre, si le gouvernement fixe des nouvelles exclusions par voie réglementaire, le contrat d'assurance doit les intégrer[267].

De plus, l'étendue de cette garantie ne peut pas être réduite par voie conventionnelle, selon l'article 157-14 du Code des assurances.

Donc, le contrôle de cette obligation par l'État se fait par la condition d'avoir l'attestation d'assurance pour la délivrance du permis d'habitation ou de certificat de conformité (art. 157-15 du Code des assurances). Le défaut de cette attestation est sanctionné par une amende de dix mille (10.000) à cent mille (100.000) dirhams à la charge du contrevenant (art.157-16 du Code des assurances).

D'un autre côté, l'article 157-20 du même code ajoute que les contrats d'assurance tous risques chantier et la responsabilité civile décennale peuvent stipuler des clauses de déchéance[268], mais elles sont inopposables aux tiers ou à leurs ayants droit et au maître de l'ouvrage à propos de la garantie responsabilité civile chantier.

Dans ce sens, après que l'assureur règle l'indemnité en faveur les tiers, il a le droit d'exercer une action en remboursement pour toutes les sommes qu'il a ainsi payées envers l'assuré ; néanmoins, l'opposabilité de la déchéance aux victimes ou à leurs ayants droit est valable s'il y a la suspension régulière de la garantie pour non-paiement de la prime.

[267] Voir : les art.157-10, 157-11, 157-12 et 157-13 du Code des assurances.

[268] Rappelant que la déchéance de garantie est une sanction que l'assureur engage contre un assuré, s'il manque à ses obligations en le privant de son droit à l'indemnisation ou en cas de règlement d'un sinistre à rembourser l'indemnité déjà réglée par l'assureur.

2. L'assurance contre les conséquences d'évènements catastrophiques (appelée « régime EVCAT »)

L'importance accordée aux risques climatiques au cours des dernières années est due aux retombes financières énormes sur tous les axes socio-économiques des catastrophes naturelles et du changement climatique. Il était essentiel de se prémunir contre ces risques par un contrat d'assurance[269]. Selon la loi n°110-14 instaurant un régime de couverture des conséquences d'évènements catastrophiques de 2016[270], l'article 3 définit l'évènement catastrophique comme tout évènement entraînant des dommages directs[271], suite à un fait naturel[272] d'une puissance anormale, c'est-à-dire une force majeure qui demande les trois éléments d'extériorité, d'irrésistibilité et l'imprévisibilité. Si l'imprévisibilité fait défaut, la diligence raisonnable[273] est requise pour que l'assuré puisse être indemnisé. De plus, l'action violente de l'homme comme un acte de terrorisme et les conséquences directes et

---

[269] Il faut savoir que l'État à travers le Fonds de solidarité contre les événements catastrophiques (FSEC) a prescrit un régime solidaire au profit des personnes physiques qui ne sont pas couvertes par une assurance, appelée le système allocataire pour indemniser les victimes de ces événements.

[270] Dahir n°1-16-152 du 21 kaada 1437 (25 aout 2016) portant promulgation de la loi n°110-14 instituant un régime de couverture des conséquences d'événements catastrophiques et modifiant et complétant la loi n°17-99 portant Code des assurances.

[271] Il faut noter que les actions et mesures de secours, de sauvetage et de sécurisation liés à l'événement sont considérées comme les dommages assurantiels.

[272] Par exemple, tremblement de terre, sècheresses, feux de forêt, pluies torrentielles, tempêtes, etc.

[273] La diligence raisonnable dans ce contexte est le degré de prudence et d'action qu'une personne doit faire dans des circonstances pareilles pour éviter ces risques.

fâcheuses à cause des émeutes ou des mouvements populaires, les guerres civiles et étrangères ou les actes d'hostilité assimilables exception faite de l'utilisation d'agents ou d'armes chimiques, biologiques, bactériologiques, radioactives ou nucléaires. Aussi, on trouve aujourd'hui les actes de cybercriminalité (art. 5 de la même loi).
Ipso facto, quand une situation se présente comme un évènement catastrophique, il faut se conformer à la procédure suivante : quand la commission de suivi des évènements catastrophiques[274] donne préavis, la déclaration de l'avènement catastrophique est instituée par un arrêté du Chef du Gouvernement, publié au « Bulletin officiel » dans un délai qui ne dépasse pas trois (3) mois à compter de la date de la survenance de l'évènement catastrophique.
Cette déclaration spécifie les zones sinistrées, la date et la durée de l'évènement afin de lancer l'opération d'inscription des victimes sur le registre de recensement et donner le droit à une indemnisation au titre des contrats d'assurance et au processus d'octroi des indemnités par le Fonds de solidarité contre les évènements catastrophiques[275] (FSEC).
L'incorporation de la garantie d'évènement catastrophique est obligatoire pour tous les contrats intéressés par cette couverture comme les contrats d'assurance multirisque habitation, de dommage des véhicules, de la responsabilité civile automobile, d'exploitation, de chef de famille, etc. Nonobstant, cette obligation de la garantie EVCAT ne concerne pas les assurances de personnes, les assurances d'accidents de travail, de l'assistance, de crédit, de perte d'exploitation et celles agricole, maritime et aérienne.

[274] Voir : les articles 9 à 14 de la loi n°110-14, note 270.
[275] Voir : les articles 15 et suiv. de la loi n°110-14, note 270.

Sur le plan du calcul de la prime, conformément l'Arrêté du ministre de l'Économie, des Finances et de la Réforme de l'Administration n°4150.19 du 27 décembre 2019 fixant les primes ou cotisations relatives à la garantie contre les conséquences d'évènements catastrophiques et les taux de commissionnement pour la présentation des opérations d'assurances au titre de cette garantie ainsi que les plafonds des montants de la garantie et des franchises, le pourcentage est évalué comme suit :

Contrat d'assurance « régime EVCAT	**Pourcentage de la prime**
Assurances dommages aux biens	**8%** de la prime pour les contrats contre les dommages aux biens, avec un seuil maximal de 100 000 dirhams
Assurance automobile Responsabilité civile Garanties annexes automobile qui couvrent les dommages aux véhicules	**-2%** de la prime lorsque le véhicule intéresse l'usage de transport public des voyageurs. **-3.5%** de cette prime pour les autres usages. **-1.5%** de la prime en matière des garanties annexes du contrat d'assurance automobile.
Responsabilité civile dommages corporels	**2%** de la prime relative au contrat couvrant la responsabilité civile en raison des dommages corporels causés aux tiers

Quant à <u>la déclaration</u> de l'assuré en cas d'évènement catastrophique, il doit communiquer la situation contrariante à son assureur au plus tard vingt (20) jours après l'avènement de l'incident, sauf en cas de force majeure.

Dans le contexte de cette garantie assurantielle, les

dommages corporels engendrés par un évènement catastrophique garanti sont indemnisés suivant le barème fixé par la loi de 1984 relative aux accidents causés par des véhicules terrestres à moteur non lié à une voie ferrée ou par ses remorques ou semi-remorques, alors que les atteintes patrimoniales, c'est la nature du bien qui est importante pour déterminer les franchises et les plafonds applicables selon le pourcentage de l'article 1 de l'Arrêté n°4150 susdésigné :

Objet assuré	**Plafonds**	**Franchises**
Bâtiment à usage industriel, commercial ou hospitalier	Cinq millions (5.000.000) Dhs	15 % du montant des dommages avec un minimum de vingt mille (20.000) Dhs
Bâtiment à usage d'habitation	Deux millions (2.000.000) Dhs	10% du montant des dommages avec un minimum de sept mille (7.000) Dhs
Autres bâtiments	Trois millions (3.000.000) Dhs	15 % du montant des dommages avec un minimum de vingt mille (20.000) Dhs
Véhicule automobile	Deux cent mille (200.000) Dhs	10 % montant dommage avec un minimum de trois mille (3.000) Dhs
Biens à l'intérieur du bâtiment à usage d'habitation	Quarante mille (40.000) Dhs	15% montant dommage (minimum 5% de la valeur assurée sans dépasser cinq mille (5.000) Dhs)
Autre bien	Un million	15% montant

	(1.000.000) Dhs	dommage avec un minimum de 5% de la valeur assurée sans dépasser dix mille (10.000) Dhs
Les biens se trouvant dans les bâtiments à usage commercial selon sa nature	Les plafonds maximaux sont entre Quatre cent mille (400.000) et deux millions cinq cent mille (2500.000) Dhs	Les franchises maximales sont entre cinq mille (5000) et vingt mille (20.000) Dhs. (Voir l'article 1, le tableau 2 du même l'Arrêté)

De plus, le plafond global d'indemnisation par évènement ne peut pas dépasser le montant de trois milliards de dirhams en cas l'évènement naturel et de neuf milliards de dirhams par année. Pour ce qui est de l'action violente de l'homme, c'est trois cents millions de dirhams par évènement et six cents millions de dirhams par année.

Par ailleurs, l'indemnisation obéit à une procédure administrative correspondante aux cas des dommages matériels et corporels, selon l'Arrêté du ministre de l'Économie, des Finances et de la Réforme de l'Administration nº2214-19 du 27 décembre 2019 fixant les modalités de fonctionnement de la garantie contre les conséquences d'évènements catastrophiques. En cas de dommages matériels, les documents à fournir sont : l'identité du déclarant, le numéro de la police d'assurance et le nom de l'assureur, les numéros des autres polices d'assurance (le cas échéant, couvrant les dommages objet de la déclaration), la date et le lieu du sinistre, la nature d'évènement ayant causé les dommages et un descriptif des dommages.

Concernant les dommages corporels, il y a les documents complémentaires à présenter : le nom et prénom des victimes ainsi que leur lien avec l'assuré (en cas de préjudice corporel subi par le conducteur et toute personne transportée dans le véhicule assuré ainsi que les préjudices subis par leurs ayants droit du fait de leur décès), le nombre des victimes et toute information complémentaire disponible permettant leur identification (en cas de préjudice corporel subi par les personnes autres que les préposés de l'assuré se trouvant dans les locaux prévus au contrat d'assurance ainsi que les préjudices subis par leurs ayants droit du fait de leur décès). Cette demande doit être accompagnée des documents suivants : un extrait d'acte de naissance de la victime ou tout autre document justifiant son âge, les pièces justificatives du salaire de la victime ou de ses gains professionnels, tout autre document nécessaire à l'évaluation du dommage conformément aux dispositions de loi n°1-84-177 du 2 octobre 1984, déjà soulignée.

Outre les documents précités, l'intéressé doit joindre à sa demande, selon le cas, les pièces suivantes :

1) En cas d'une incapacité physique permanente de la victime :

- Le certificat médical de consolidation définitive délivré par un médecin légiste et comportant le taux d'incapacité physique permanente de la victime.

2) En cas de décès de la victime :

- Un extrait de l'acte de décès de la victime et dans le cas d'une personne disparue, une copie de la décision judiciaire déclarant son décès ;
- Un document justifiant la qualité des ayants droit de la victime ;
- Un extrait des actes de naissance des descendants de la victime ou tout autre document justifiant leur âge et

le cas échéant, un document justifiant que le descendant est atteint d'une infirmité physique ou mentale le mettant dans l'impossibilité de subvenir à ses besoins.

Sur le plan de la proposition d'indemnisation, l'assureur devra notifier au demandeur, par lettre recommandée avec accusé de réception ou par voie extrajudiciaire, dans les soixante (60) jours suivants la réception de la demande d'indemnisation, le montant de l'indemnisation.

Le délai de soixante (60) jours commence à partir de la date de la déclaration de la survenance de l'évènement catastrophique, même si la demande d'indemnisation est faite avant la déclaration.

Le demandeur doit faire connaitre à l'assureur dans les trente (30) jours de la réception de la proposition d'indemnisation précitée son accord ou son refus notifié par lettre recommandée avec accusé de réception ou par voie extrajudiciaire. En cas d'accord, l'assureur doit, dans les vingt et un (21) jours suivant la réception de la lettre du demandeur lui verser l'indemnité ou l'avance.

Par ailleurs, la solvabilité des assureurs demande une bonne gouvernance assurantielle soutenue par l'État sous l'article 229-1 du Code des assurances qui donne aux entreprises d'assurances et de réassurance de bénéficier de la garantie de l'État contre les conséquences d'évènements catastrophiques destinées à couvrir le risque de défaut de couverture en réassurance auprès des réassureurs étrangers ou de la défaillance de ces derniers, si elles sont signées une convention à ce sujet avec l'État et le Fonds de solidarité contre les évènements catastrophiques surtout que la première conséquence du changement climatique est l'intensification des catastrophes naturelles qui peuvent détériorer la situation financière de la plupart des assureurs, car les sinistres et les délais d'indemnisation se complexifient.

Évidemment, les accidents de la vie sont multiples et exigent une protection financière assez convaincante. Dans la même prescriptive, le législateur marocain a donné un caractère obligatoire aux contrats d'assurance relatifs à la maladie et les accidents de la vie courante ainsi que les accidents de travail et maladie professionnelle.

3. L'assurance d'accidents du travail et l'assurance maladie professionnelle

L'assurance d'accident du travail couvre la responsabilité civile de l'employeur vis-à-vis de ses préposés et salariés en cas des accidents qui se produisent au moment de l'exécution de leur travail et en cours des trajets entre leur domicile et le lieu du travail ou en cas de déplacement pour une mission. Elle garantit le paiement des indemnités et les frais par l'employeur conformément à l'article 29 de la loi n°18-12 sur la réparation des accidents de travail du 29 décembre 2014 qui édicte que :

> « Les employeurs soumis aux dispositions du dahir portant loi n°1.72.184 du 5 Joumada II 1392 (27 juillet 1972) relatifs au régime de sécurité sociale, tel qu'il a été modifié et complété, doivent souscrire obligatoirement auprès des entreprises d'assurance agrées un contrat d'assurance garantissant les frais et les indemnités prévues par la présente loi. Bénéficient de l'assurance obligatoire prévue par le premier alinéa ci-dessus, les agents des collectivités locales temporaires, occasionnels, journaliers et contractuels ainsi que les employés des établissements publics ne relevant pas de la fonction publique ou du régime de sécurité sociale visée ci-dessus. »

Selon cet article, c'est une assurance obligatoire. Depuis

novembre 2002, tous les employeurs (souscripteur) du secteur privé soumis aux dispositions du Dahir du 27 juillet 1972 relatif au régime de sécurité sociale[276] doivent l'avoir, même si l'accident provient d'un cas de force majeure. Cette obligation inclut le secteur public, mais les bénéficiaires sont juste les agents des collectivités locales temporaires occasionnels, journaliers et contractuels ainsi que les salariés des établissements publics ne relevant pas de la fonction publique ou dudit régime de sécurité sociale. En effet, ils sont exclus de cette assurance, les fonctionnaires titulaires de l'État et des autres collectivités publiques, les agents bénéficiant d'un contrat d'assistance technique, les militaires des Forces armées royales et les personnes salariées appartenant à une des catégories couvertes par les statuts du personnel des services publics à caractère industriel et commercial[277].

Il faut souligner que les personnes qui ne sont pas assujetties à l'assurance obligatoire, exception de l'État doivent versées un capital nécessaire pour l'indemnisation des personnes lésées ou leurs ayants droit à la Caisse nationale de retraite et d'assurance dans les soixante (60) jours qui suivent la date de délivrance de l'ordonnance judiciaire de réconciliation, du jugement ou de la décision judiciaire accordant les dédommagements[278].

Cela dit, une surprime confirmée par une clause expresse

---

[276] L'article 2 de la loi n°1.72.184, note 201, ils sont assujettis à l'assurance accident de travail obligatoire sont les employeurs pour leurs salariés et leurs stagiaires dans les secteurs de l'industrie, le commerce, de l'artisanat, incluant les professions libérales, les associations, les syndicats, les sociétés civiles, les coopératives, les immeubles à usage d'habitation et à usage commercial. Aussi, pour les travailleurs à domicile et les employés temporaires ou occasionnels du secteur privé.

[277] Voir : l'article 3 de loi n°1.72.184, note 201.

[278] Voir : l'article 42,43, 44 et 50 de la loi n°18-12 sur la réparation des accidents de travail du 29 décembre 2014.

dans le contrat d'assurance accorde une autre garantie en insérant les maladies professionnelles[279].

Les maladies professionnelles et les accidents de travail ainsi que les accidents de trajet donnent lieu à diverses prestations dépendamment du contrat de travail sur la foi de l'article 65 de la loi n°18-12 précitée :

- Les prestations en nature que l'Organisation internationale de travail définit comme suit : « Les prestations en nature sont une rémunération reçue autrement qu'en espèces par un employé pour le travail effectué, par exemple : nourriture, boisson, carburant, vêtements, chaussures, logement ou transport gratuit ou subventionné, électricité, stationnement, services de garderie ou de crèche, prêts à faible taux ou à taux zéro, prêts hypothécaires subventionnés, etc.[280] ». Ici, il s'agit des frais médicaux, pharmaceutiques, d'hospitalisation, les frais d'appareillages et de prothèses, l'assistance d'une tierce personne pour les besoins de la vie courante, les frais de transport, les frais funéraires en cas de décès, etc.
- Les prestations pécuniaires où l'estimation de

---

[279] Voir : l'Arrêté du ministre du travail et des affaires sociales n°100-68 du 20 mai 1967 pris pour l'exécution du Dahir du 26 Joumada I 1362 (31 mai 1943) étendant aux maladies professionnelles les dispositions de la législation sur la réparation des accidents du travail, Bulletin official marocain, édition Franco-Espagnole, n°2899 du 23 mai 1968, p. 503. *Cf.* Projet de loi n°55-17 relative à la santé et la sécurité au travail dans les secteurs privé et public. Disponible en ligne sur : <http://www.sgg.gov.ma/Portals/0/legislation/ProjetLois/EtudeImpact/projetLoi55-17FR.pdf > (consulté le 10 mai 2024).

[280] Disponible sur le site officiel de l'O.I.T : < <https://www.ilo.org/global/topics/wages/minimum-wages/definition/WCMS_565207/lang--fr/index.htm> (consulté le 10 novembre 2023).

l'indemnité se fait selon un calcul précis en considérant le statut du travailleur, la période de travail et le salaire effectivement perçu par le travailleur accidenté au cours des douze mois précédant la date de l'accident, à condition que ce salaire ne soit pas inférieur au salaire minimum légal en vigueur et en considérant une augmentation de salaire à cause les promotions annuelles[281].

Le calcul de l'incapacité temporaire de travail (ITT) donne les indemnités journalières comme suit, selon l'article 61 de la loi n°18-12, mais en excluant les prestations sociales que la personne lésée bénéficie, notamment les indemnités familiales (elles ne sont pas considérées comme faisant partie du salaire journalier) :

*[Nombre de jours (ouvrables et non ouvrables) x salaire journalier x **2/3**]*

L'assuré est protégé dès le jour de l'accident (à la charge d'employer) et l'assurance commence le jour qui suit l'accident de travail jusqu'au jour de reprise de son emploi.

Cependant, si le travail est à temps partiel[282], la rémunération se fait selon la répartition du temps travaillé (jours ou heures), c'est-à-dire si le salaire journalier ou le travail sont discontinus, le calcul opère en considérant le salaire journalier moyen des vingt-six (26) jours de travail effectif précédant la date de l'accident. De plus, si le travailleur lésé est rémunéré à l'heure, le salaire journalier équivaut à un sixième (1/6) du salaire hebdomadaire estimé

[281] Voir : l'article 105-109 de la loi n°18-12, préc., note 278.

[282] Selon l'article 2 de la loi n°1.72.184, préc., note 201, il s'agit des employés qui ne travaillent pas plus de dix heures par semaine pour le même employeur ou le même groupe d'employeurs.

basé sur un minimum de quarante-quatre (44) heures de travail que la personne blessée a reçu au cours des six (6) jours de travail réels précédant la date de l'accident (art. 68 de la loi n°18-12).
Pour les travailleurs qui effectuent un nombre d'heures de travail inférieur au nombre d'heures obligatoires pour l'estimation du salaire journalier, l'article 72 de la loi n°18-12 considère le nombre d'heures travaillées comme déjà accomplies sur la base d'un montant qui ne peut être inférieur au salaire minimum légal en vigueur concernant le type de travail.

Encore, si le travailleur accidenté reçoit son salaire à la base d'un contrat de travail à la pièce « s'il est payé au nombre d'articles produits (ex. nombre de briques ou de tee-shirts) plutôt que selon les heures de travail effectuées[283] », le salaire journalier est égal au sixième (1/6) du salaire total reçu pour les six (6) derniers jours de travail effectif précédant la date de l'accident.
Si la personne accidentée a travaillé moins de six (6) jours au cours des vingt-six (26) jours précédant la date de l'accident, « le salaire journalier est déterminé conformément au même calcul en prenant en compte les dispositions de l'article 71 »[284] (art.69 de la loi n°18-12).

---

[283] Sur le site officiel de l'O.I.T : < https://www.ilo.org/fr/resource/17-travail-la-piece> (consulté le 10 novembre 2023).
[284] L'article 71 de la loi n°18-12 parle de la catégorie de travailleurs qui effectue au moment de l'accident un nombre de jours inférieur à celui compris dans la période prise en compte pour estimer le salaire journalier. Ce salaire est calculé sur la base du salaire qu'il a effectivement perçu depuis son emploi, majoré du salaire qu'il a pu percevoir pour les jours requis à l'exécution de la période précitée en considérant le salaire moyen perçu par un salarié de même catégorie et de même ancienneté, occupé par le même employeur ou à défaut, par un employeur semblable à lui dans la profession.

Il ne faut pas oublier le cas des travailleurs de l'article 70 qui ont un travail saisonnier, à savoir ils ou elles sont recrutés (es) afin de répondre à des besoins ponctuels, mais réguliers ; l'indemnisation en cas d'accident de travail est le salaire journalier qui est égal au taux journalier de salaire que la victime a perçu pour les jours de travail réel pendant les trois cent soixante-cinq (365) jours précédant la date de l'accident.

Pour le montant journalier des prestations complémentaires, l'article 73 de la loi susdésignée permet à l'assuré lésé de recevoir 1/26 des prestations supplémentaires, c'est-à-dire pour une période de vingt-six (26) jours de travail effectif précédant la date de l'accident. Cependant, quand il s'agit du travail à temps partiel, le calcul se fait en considérant les périodes de travail, respectivement, d'an, de six mois, de trois mois et d'un mois comme suit : un/trois cent (1/300) ou un/cent cinquante (1/150) ou un/soixante-quinze (1/75) ou un/vingt-cinq (1/25). En outre, les avantages résultant des heures supplémentaires sont fixés comme suit :
- Si l'assuré avait été employé dans l'entreprise ou établissement depuis plus d'un an, il percevra un/trois centième (1/300) du total des sommes perçues au titre des heures supplémentaires au cours des trois cent jours qu'il a consacrés au travail effectif avant le jour de l'accident ;
- Si l'assuré avait été employé dans l'entreprise ou l'établissement moins d'un an, le taux est estimé sur la base du nombre des jours de travail effectif effectué depuis l'embauche, sans tenir compte du nombre d'heures supplémentaires qui dépassent le nombre autorisé en vertu des textes législatifs et réglementaires en vigueur pour chaque type l'emploi (art. 74 de la même loi).
Il est essentiel de mentionner que la rémunération des

heures supplémentaires[285]est calculée conformément aux dispositions de l'article 202 de la loi n° 65-99 portant Code du travail qui édicte que :

> « La rémunération des heures supplémentaires est calculée tant sur le salaire que ses accessoires, à l'exclusion :
> 1. Des allocations familiales ;
> 2. Des pourboires, sauf pour le personnel rémunéré exclusivement au pourboire ;
> 3. Des indemnités qui constituent un remboursement de frais ou de dépenses engagés par le salarié en raison de son travail. »

Dans ce secteur public, en cas de congés à la suite d'un accident de travail ou de maladie professionnelle, le fonctionnaire va obtenir l'intégralité de ses rémunérations jusqu'à ce qu'il soit en état de reprendre son service.

Sur le plan de l'incapacité physique permanente (IPP), ce risque ne concerne que les travailleurs salariés[286].
La pension d'invalidité est accordée au bénéficiaire salarié n'ayant pas atteint l'âge d'admissibilité à la retraite (moins

---

[285] Voir : l'article 75 de la loi n°18-12, préc., note 278. Concernant les prestations complémentaires en nature ne sont pas prises en compte pour l'estimation de l'indemnité journalière si la personne lésée continue de bénéficier intégralement de ces prestations pendant toute la durée de son incapacité temporaire. Toutefois, si l'assuré continue d'en bénéficier partiellement, elles rentrent dans le calcul du montant des prestations, selon l'article 76 de la même loi.

[286] Les stagiaires sont aussi admis pour bénéficier de l'indemnité journalière, en cas l'accident de travail conformément à l'article 127 de la loi n°18-12 où le salaire servant de base à l'estimation de l'indemnité journalière et des revenus attribués à un salarié stagiaire accidenté lors d'un accident du travail ou accordés à ses ayants droit en cas de décès ne peut être inférieur au salaire minimum octroyé à un salarié travaillant dans l'entreprise ou l'établissement et appartenant à la même catégorie professionnelle dans laquelle le salarié stagiaire peut être classé à l'issue du contrat de travail.

de 60 ans ou 55 ans pour les travailleurs des mines justifiant de cinq (5) années de fond) qui présente une invalidité permanente qui est déterminée, lors d'une expertise médicale[287] à l'amiable ou par voie judiciaire en fonction du taux de réduction de la capacité de travail, selon le *barème fonctionnel des incapacités*[288] avec un maximum de 100 % en respectant le délai légal de dépôt de la demande d'indemnité. Dans ce sens, l'employeur (souscripteur) doit justifier de cinquante-quatre (54) jours de cotisations à la Caisse nationale de la sécurité sociale pendant les six (6) mois qui précèdent l'incapacité[289]. Aussi, en cas d'insolvabilité de l'assureur, le versement et la prise en charge des indemnités en cas d'incapacité permanente d'accident de travail ou en cas de décès sont faits par le Fonds de garantie de la Caisse d'assurance des accidentés du travail[290]. Dans toutes les façons, l'employeur est toujours responsable envers ses employés pour les indemnités en cas l'accident de travail et maladies professionnelles même à l'occasion d'une résiliation de son contrat d'assurance.

Il y a deux méthodes pour indemniser l'assuré en cas l'incapacité physique permanente (IPP) soit un capital rachat en cas d'IPP inférieure à 10% (art. 81 de la loi n°18-12), soit une rente viagère en cas d'IPP supérieure ou égale

---

[287] Voir : l'article 304 et suivant du Code de travail.

[288] Voir : Décret n°2-84-744 du 14 janvier 1985 relatif au barème fonctionnel des incapacités et les Instructions fixant les taux des incapacités physiques annexées, Bulletin officiel du Royaume du Maroc n°3768 du 16 janvier 1985, p. 56.

[289] Voir : < https://www.cnss.ma/fr/content/indemnites-journalieres-de-maladie> (consulté le 12 novembre 2023).

[290] Voir : les articles 45, 46 et 47 de loi n°18-12, préc., note 278.

à 10%. Selon l'article 82 et 85[291] de la loi n°18-12, la rente viagère est calculée en référence au salaire annuel utile suivant le pourcentage de l'incapacité comme suit :

Taux d'incapacité	La rente viagère
Inférieur ou égal à < 30 %	50% du taux d'incapacité
Entre 30% et 50%	15% plus la partie qui excède 30% augmentée de moitié
Supérieure à >50%	45% + la partie qui excèdent 50%
Si l'état de l'assuré requiert l'assistance d'une tierce personne, l'indemnité est majorée d'une somme égale à 10 % de la rente. L'indemnité permanente est payée trimestriellement.	

Il faut préciser que les pourcentages de la rente viagère s'appliquent en cas d'accidents du travail successifs, après la réduction de chaque pourcentage d'invalidité, au prorata de l'aptitude restante de l'assuré après chaque accident survenu[292]. La personne accidentée doit déclarer à l'employeur ou à son assureur les accidents de travail

[291] Selon l'article 85, quand l'incapacité permanente est complète justifiant une assistance d'une autre personne pour accomplir les travaux normaux de la vie, l'estimation des sommes de la rente conformément aux dispositions de l'article 82 sera majorée d'après les modalités et conditions fixées par décret pris sur proposition de l'autorité gouvernementale chargée de l'emploi.

[292] Si l'invalidité est multiple, le contrat prévoit deux méthodes de calcul soit celle de cumul qui additionne les différents taux d'invalidité dans la limite de 100%, soit celle de la règle dite « de Balthazard » ou la règle des capacités restantes selon laquelle le taux d'invalidité résultant d'un nouvel accident est calculé sur la validité restante qui considère les capacités restantes (10 %, +20%, +40%,70%).

antérieurs. Toute déclaration erronée entraînera une réduction du nouveau revenu, même s'il était précédemment octroyé sur la base des pourcentages d'invalidité spécifiés pour les accidents antérieurs (art. 84 de la loi n°18-12).
De plus, l'article 85 de la même loi parle de l'indemnisation de l'assureur quand la capacité professionnelle de l'assuré a été diminuée avant l'accident de travail, objet de la compensation, à raison d'un autre accident de travail antérieur ou pas, à savoir par un accident de vie. Le pourcentage d'invalidité totale est calculé en additionnant les différents pourcentages d'invalidité de l'assuré après réduction de chacun en commençant par la dernière incapacité de travail, à condition que le montant total n'excède pas cent pour cent (100%).

En cas de décès d'un assuré après un accident de travail ou une maladie professionnelle, les frais funéraires sont à la charge de l'employeur et certains membres de la famille ont droit, sous conditions, à une pension de survivant :

- Les enfants âgés de moins de 16 ans ou 26 ans s'ils sont scolarisés ou sans limites d'âge s'ils souffrent d'un handicap physique ou mental ;
- Le conjoint non divorcé si le mariage a été contracté avant l'accident du travail ;
- Les ascendants qui au moment du décès étaient à la charge de la victime.

  La pension est calculée en pourcentage de la rémunération assurable moyenne du défunt qui varie selon le statut et l'âge du survivant principalement comme suit :
- 30 % au conjoint de moins de 60 ans[293] ;
- 50 % au conjoint de 60 ans ou plus ;

[293] Voir : les articles 89 à 94 de loi n°18-12, préc., note 278.

- 15 % pour chacun des orphelins[294] ;
- 10 % pour les ascendants[295].

Toutes les prestations de survivants confondues ne doivent pas dépasser quatre-vingt-cinq (85) % de la rémunération assurable moyenne du défunt, selon l'article 109 de la loi n°18-12.

L'assuré décédé devait satisfaire à une des conditions suivantes :

- Avoir cotisé à la Caisse nationale de la sécurité sociale (CNSS) durant cinquante-quatre (54) jours au cours des six (6) mois précédant le décès ;
- Bénéficier au moment du décès, des indemnités journalières de maladie ou d'accident ;
- Être titulaire d'une pension de vieillesse ou d'invalidité[296].

Par ailleurs, pour activer le contrat d'assurance d'accident du travail et les maladies professionnelles, il a fait l'objet des conditions générales– type fixées par l'Arrêté du ministre chargé des Finances n°2003-05 du 13 ramadan 1426 (17 octobre 2005) où l'incorporation des textes législatifs qui le régissent est une condition sine qua non. Il faut évoquer que les conditions générales types des contrats d'assurance sont liées aux conditions particulières, car il faut fixer la limite du plafond des indemnités, moyennant la prime et en application de la franchise s'il y a lieu.

---

294 Pour le pourcentage les pensions, selon le nombre des orphelins, voir : les articles 95, 101 et 111 de loi n°18-12, préc., note 278.

295 Voir : les articles 103 et 104 de loi n°18-12, préc, note 278.

296 Voir : pour les conditions et la procédure d'octroi les prestations de survivants sur : < https://www.cnss.ma/fr/content/pension-de-survivants> (consulté le 12 novembre 2023).

Pour le secteur public, l'invalidité définitive et absolue résultant de l'exercice des fonctions, l'article 25 de la loi n° 011-71 du 12 kaada 1391 (30 décembre 1971) instituant un régime de pensions civiles parle du taux de l'incapacité égale au moins à 25 %, mais le taux d'invalidité est déterminé compte tenu d'un barème indicatif fixé par voie réglementaire où le montant de la pension d'invalidité est fixé à la fraction des émoluments de référence[297] égale au pourcentage d'invalidité, selon l'article 26 de la même loi. Cependant, c'est juste la confirmation de cette invalidité par une commission de réforme dont la composition et son fonctionnement sont fixés aussi par voie réglementaire, selon l'article 29 de la même loi qui valide l'octroi de cette pension. Donc, l'agent de l'État a le droit à une pension d'invalidité à compter du premier jour du mois qui suit la date d'approbation de cette commission.
N'oublions pas que cette pension d'invalidité est cumulable avec la rémunération d'activité et, éventuellement, avec la pension de retraite et elle est réversible dans l'intérêt des héritiers lorsque l'invalidité a donné la radiation de la fonction.

Dans ce contexte, il est important de distinguer entre les risques associés aux accidents du travail et maladies professionnelles et ceux de l'assurance maladie-maternité obligatoire qui est assujettie à un régime distinct.

4. L'assurance maladie-maternité obligatoire de base

L'assurance maladie-maternité a pour objet le remboursement à l'assuré et aux personnes à charge les

[297] L'article 58 de la loi n°011-71, préc., note 326, édicte que : « « Le montant des émoluments de référence visés aux articles 13 et 26 ci-dessus est égal au traitement de base afférent à l'indice 100. »

prestations concernant une maladie ou une maternité[298]. Cette assurance obligatoire (AMO) est régie par la loi n° 65.00 portant Code de la couverture médicale de base du 3 octobre 2002. L'article 2 de cette loi contraint les fonctionnaires et les agents de l'État, des collectivités locales, des établissements publics et des personnes morales de droit public[299], les personnes assujetties au régime de sécurité sociale en vigueur dans le secteur privé[300], les titulaires de pension des deux secteurs public et privé[301], travailleurs indépendants[302], les personnes exerçant une profession libérale et à toutes autres personnes exerçant une activité non salariée, aux anciens résistants et

---

[298] Voir : Dahir n°1-21-30 du 9 chaabane 1442 (23 mars 2021) portant promulgation de la loi-cadre n°09-21 relative à la protection sociale.

[299] C'est la Caisse nationale des organismes de prévoyance sociale (CNOPS) qui gère l'assurance maladie obligatoire pour les fonctionnaires de l'État (l'article 73 de la loi n°65-00 portant Code de la couverture médicale de base du 3 octobre 2002). Consulter le site officiel sur : <https://www.cnops.org.ma/cnops/qui_sommes_nous/historique_cnops>.

[300] L'assurance maladie obligatoire pour le secteur privé est supervisée par la Caisse nationale de la sécurité sociale (CNSS) depuis 2005 (l'article 75 de la loi n°65-00 susmentionnée). Donc, les commerçants doivent adhérer automatiquement à cette institution étatique seulement les entreprises qui ont contracté avec des sociétés d'assurance privées avant septembre 2005 ont le droit de maintenir leur engagement auprès du secteur privé de l'assurance pour la couverture de base.
Consulter le site officiel sur :< https://www.cnss.ma/fr/content/missions-et-valeurs>.

[301] En cas de mobilité des salariés entre les deux secteurs public et privé, les règles de coordination entre les différents organismes gestionnaires de l'assurance maladie obligatoire de base sont définies par voie réglementaire, selon l'article 74 de la loi n° 65-00 susénoncée.

[302] Voir : la loi n°98-15 relative au régime de l'assurance maladie obligatoire pour les catégories des professionnels, des travailleurs indépendants et des personnes non salariées exerçant une activité libérale du 23 juin 2017, Bulletin official du Royaume du Maroc n°6662 du 5 avril 2018, p. 680.

membres de l'armée de libération[303] et aux étudiants de l'enseignement supérieur public et privé à souscrire l'assurance maladie[304] de base. En effet, tout employeur doit souscrire l'assurance maladie et maternité obligatoire pour son personnel et de gérer le versement de la totalité des cotisations à l'organisme gestionnaire, selon l'article 108 du Code de couverture médicale. Cette assurance inclut les personnes à charge de l'assuré, d'après l'article 5 du même Code, sauf si ces bénéficiaires ont d'une assurance de même nature. De plus, le bénéfice de cette assurance est permis aux parents de l'assuré, à condition de prendre en charge leurs cotisations[305].

Il est important de souligner que l'assurance maladie obligatoire de base (AMO) est fondée sur les techniques de mutualisation des risques pour le compte des personnes exerçant une activité lucrative et aujourd'hui, même les bénéficiaires du régime d'assistance médicale (RAMED), selon l'article 3 du Code de la couverture médicale de base, commencent à en tirer profit. Depuis 1er décembre 2022, ces personnes sont inscrites au régime de l'assurance maladie obligatoire où c'est l'État qui prend en charge leurs cotisations.

Ce régime est en train de disparaitre graduellement en vue d'améliorer le panier de soins de ses bénéficiaires en élargissant l'accès aux prestations des soins par l'extension

---

[303] L'article 4 de la loi n°65-00 susmentionnée donne aux anciens résistants et membres de l'armée de libération l'opportunité de profiter de cette l'assurance en créant une loi particulière pour cette catégorie de citoyens s'ils ne bénéficient pas de cette assurance autrement.

[304] Cf. Michel FROMMENTEAU, Vincent RUOL, Laurence ESLOUS, « Assurance et santé : sélection des risques : où en est-on ? » (2011) n° 31 Presses de Sciences Po, « Les Tribunes de la santé », 63-71. Disponible en ligne sur : < https://www.cairn.info/revue-les-tribunes-de-la-sante1-2011-2-page-63.htm> (consulté le 15 aout 2023).

[305]Voir : l'article 5 de la loi n°65-00 suscitée.

des services vers le domaine privé[306].

Incontestablement, c'est la cotisation qui est la base du bénéfice de l'assurance maladie obligatoire.
Dans le secteur privé, la base de cotisation dépend du statut de rémunération du salarié, la nature du revenu pour le non-salarié[307] et si l'assuré dispose d'un autre régime comme une pension de retraite ou d'invalidité qui détermine l'assiette des cotisations des assurés. Aussi, le calcul du taux de cotisation se fait en considérant les charges des prestations, les coûts de gestion administrative et du prélèvement au profit de l'Agence nationale de l'assurance maladie ainsi que pour alimenter la réserve de sécurité des organismes gestionnaires[308].
Dans le secteur public, la cotisation du régime de l'AMO de base est fixée à 5% de l'ensemble des salaires, réparti en parts égales entre l'employeur (2.5%) et l'employé (2.5%). Ce taux de cotisation est le même pour toutes les prestations. Chacune des parts de la cotisation est encaissée par la Caisse nationale des organismes de la prévoyance sociale dans la limite d'un montant mensuel minimum de 70 Dhs et d'un plafond mensuel de 400 Dhs, d'après l'article 1 du Décret n°2-05-735 fixant le taux de cotisation due à cette

---

[306] Chef du gouvernement marocain, « Intervention du chef du gouvernement à la chambre des représentants » (24 octobre 2022). Disponible en ligne sur : < https://www.cg.gov.ma/fr/node/10941> (consulté le 20 aout 2023) ; CNSS, *Guide de l'Assurance Maladie Obligatoire pour les personnes dans l'incapacité de s'acquitter des cotisations.* Disponible en ligne sur : <https://www.cnss.ma/sites/default/files/old/files/files/Guide%20Ramedistes_fr_01_12def(2).pdf> (consulté le 20 aout 2023).
[307] On peut citer les huissiers de justice, les guides touristiques, les notaires, les traducteurs, les journalistes professionnels non-salariés titulaires de la carte de presse professionnelle, et assimilés titulaires de la carte de presse spéciale, etc.
[308] Voir : les articles 46, 47 et 50 de la loi n°65-00 susmentionnée.

Caisse[309] vis-à-vis des assurés actifs.
Concernant les assurés bénéficiant une pension(s), le taux de cotisation est maintenu à 2,5% de l'ensemble des pensions de base, selon l'article 2 du même décret. La cotisation est perçue par cette Caisse dans la limite d'un montant mensuel minimum de 70 Dhs et d'un plafond mensuel de 400 Dhs, sauf pour les salariés du régime collectif d'allocation de retraite collective qui ont le droit à l'assurance volontaire, conformément à l'article 13 de la loi n°1-77-216 créant un régime collectif d'allocation de retraite, or cette catégorie de travailleur doit cotiser au taux de 5% du montant du dernier salaire mensuel ayant servi de base au calcul des dernières cotisations et contributions au titre de l'affiliation obligatoire au régime collectif d'allocation de retraite, selon l'article 3 du Décret susnommé. Ce taux est de même pour les assurés qui changent d'emploi, mais non affiliés à cette Caisse et aussi les personnes qui sont en situation de mise en disponibilité[310].
Il faut remarquer encore que les anciennes victimes de violation des droits de l'Homme pour la période entre 1956 et 1999 tirent parti de cette couverture avec l'exemption de cotisation.

Quant aux frais des prestations, l'article 15 du Code de couverture médicale de base parle de deux sortes en accord avec le type et la nature de chaque prestation soit la prise en charge est directe par l'organisme gestionnaire du régime de l'AMO dans la limite du tarif de la convention conclue entre

---

[309] Décret n°2-05-735 du 11 joumada II 1426 fixant le taux de cotisation due à la Caisse nationale des organismes de prévoyance sociale au titre du régime de l'assurance maladie obligatoire de base, Bulletin officiel du Royaume du Maroc n°5344 du 18 aout 2005, p.611.
[310] Consulter :< https://wtemps.cnops.org.ma/fr/immatriculation?r=76 > (consulté le 10 novembre 2023).

l'organisme gestionnaire et les prestataires des soins en conformité avec la tarification nationale de référence[311], soit l'assuré prend en charge les frais des prestations, mais il doit envoyer les documents qui prouvent lesdits soins médicaux pour être indemnisé. L'extension géographique de la garantie est permise seulement en cas de force majeure[312].

Certes, pour un bon fonctionnement du système de l'assurance maladie obligatoire de base, le législateur a instauré un organisme public muni de la personnalité morale et de l'autonomie financière appelée l'Agence Nationale de l'Assurance Maladie (ANAM)[313] qui, selon l'article 59 du même Code, veuille à garantir l'encadrement stratégique de cette catégorie d'assurance en donnant les outils appropriés en vue de respecter la régulation en vigueur. Il faut mentionner dans ce sens qu'en cas de litige entre l'assuré social et son employeur, le même l'article procure aux parties le choix soit la voie conventuelle où l'Agent national de l'assurance maladie à mission de l'arbitre, soit le recours au système de la justice étatique.
De plus, l'article 32 du Dahir n°1-22-77 du 14 joumada 1444 (9 décembre 2022) portant promulgation de la loi-cadre n° 06-22 relative au système national de santé prescrit que :

> « L'État veille à la création :
> • d'une Haute Autorité de Santé chargée notamment, de l'encadrement technique de l'assurance maladie obligatoire de base, de l'évaluation de la qualité des prestations des établissements de santé et de donner son avis sur les

---

[311] Voir : l'article 12 de la loi n° 65-00 précitée.
[312] Voir : l'article 13 de la loi n°65-00 suscitée.
[313] Consulter le site official sur :
< https://anam.ma/anam/lanam/missions-de-lanam/>

politiques publics dans le domaine de la santé […] ».

Cela dit, les bénéficiaires du régime de la loi de la sécurité sociale ont deux différentes prestations à compter du huitième (8) jour qui suit le début de chaque incapacité[314].

1) En cas l'incapacité temporaire, on parle les indemnités journalières en cas de maladie ou d'accident non régis par la législation sur les accidents de travail et les maladies professionnelles et les indemnités journalières en cas de maternité.

Pour être un bénéficiaire des indemnités journalières d'arrêt de travail à cause d'une maladie, l'assuré doit cotiser cinquante-quatre (54) jours ouvrables (successifs ou non) dans une période maximum de six (6) mois civils avant le début de l'incapacité et doit suivre la procédure administrative pour tirer parti des compensations, c'est-à-dire envoyer une demande en remplissant le formulaire de référence accompagnée de l'avis d'arrêt de travail signé par le médecin traitant et l'employeur dans le délai légal de six (6) mois après le sinistre. Les remboursements journaliers sont alloués à partir du quatrième (4) jour pendant cinquante-deux (52) semaines au maximum au cours de deux (2) ans successifs du début de l'incapacité en se référant au salaire journalier de l'assuré. L'indemnité journalière est égale aux deux tiers du salaire en divisant le total des salaires assujettis à cotisation par le nombre de jours véritablement travaillés. En cas d'incapacité postérieure, le calcul se fait selon la même procédure en considérant la durée de cotisation (trois mois, deux mois et un mois) et en tenant le salaire journalier moyen le plus

---

[314] L'article 1 du Décret n°2-72-541 du 23 kaada 1392 (18 juillet 2005) relatif aux prestations servies par la Caisse nationale de sécurité sociale. Disponible sur : < https://www.acaps.ma/sites/default/files/publication_documents/decret_ndeg_2-72-541.pdf.> (consulté le 13 novembre 2023).

favorable à l'assuré. Toutefois, si l'assuré a cotisé soit moins de trois (3) mois d'assurance en cas de la première incapacité, soit moins d'un mois d'assurance en cas d'incapacité ultérieure, la base de calcul de l'indemnité journalière est faite selon la même modalité[315].
Au point de vue de l'assurance maternité, l'assurée domiciliée au Maroc qui a cotisé dans la période de dix (10) mois civils d'immatriculation précédant la date de l'arrêt de travail un nombre de jours égal à cinquante-quatre (54) jours continus ou discontinus, elle bénéficie d'indemnité journalière dès la date d'arrêt de travail et pendant quatorze (14) semaines dont sept (7) au minimum après la date d'accouchement, à la condition de suspendre toute activité salariale au cours de la durée d'indemnisation et l'envoi de la demande dans le délai de neuf (9) mois subséquents la date d'arrêt de travail à la Caisse nationale de sécurité sociale[316].
Les indemnités journalières sont égales à 100 % du salaire brut moyen des 6 mois précédant l'arrêt de travail plafonné à 6 000 dirhams par mois. Le montant minimum de ces indemnités ne peut, en aucun cas, être inférieur au salaire minimum interprofessionnel de croissance (SMIC)[317].

S'agissant des fonctionnaires, les congés de maladie de courte durée sont octroyés directement par le chef de l'établissement. Ces congés ne peuvent pas dépasser six mois par période de douze (12) mois consécutifs, les trois premiers mois à plein traitement, c'est-à-dire la rémunération intégrale et les trois suivants à demi-traitement (50 % du salaire) sous condition de l'avis du

[315] Voir : les art. 32, 33, 34, 35 et 36 de la loi n°1-72-184 relative au régime de la sécurité sociale.
[316] Voir les art. 37, 38 et 39 de la loi n°1-72-184 suscitée.
[317] Le salaire minimum interprofessionnel de croissance, plus connu sous l'acronyme Smic.

conseil de santé compétant.
La durée des congés de maladie temporaires est limitée à trois (3) années, les deux (2) premières années à plein traitement et la dernière année à demi-traitement et de 5 ans en cas de maladie de longue durée où les trois premières à plein traitement et les deux dernières années à demi-traitement[318].
Sur le plan des congés de maternité, la fonctionnaire enceinte jouit d'un congé de maternité de quatorze (14) semaines pendant lesquelles elle touche la totalité de sa rémunération.

2) Sur le plan de l'incapacité physique permanente (IPP), dans le secteur privé, ce risque concerne les travailleurs salariés (es), même en cas de stage à condition que la victime ait été assurée à la date de l'accident sous réserve du certificat médical de l'invalidité du médecin agréé par l'organisme gestionnaire, à condition que l'employeur doive cotiser à la Caisse de sécurité sociale entre 1 080 et 3 240 jours d'assurance.
Le montant de la pension d'invalidité est tributaire du nombre de jours d'assurance effectués par l'employé et de son salaire mensuel moyen de référence qui est soumis à cotisation et reçus pendant les 12 ou les 60 mois déclarés qui précèdent le dernier mois civil d'assurance avant le début de l'incapacité de travail.
Il est égal à 50 % du salaire mensuel moyen assujetti à cotisation de l'assuré plafonné à 6 000 dirhams, mais quand il s'agit d'une cotisation dépassant 3 240 jours d'assurance, le taux de la pension est majoré de 1 % pour chaque période d'assurance de 216 jours d'assurance, néanmoins on ne peut pas outrepasser 70 % du salaire mensuel moyen de référence plafonné à 6 000 dirhams et ne peut être

[318] Voir : les articles 42,43,43 bis du Dahir n°1-58-008 du 4 chaabane 1377 (24 février 1958) portant statut général de la fonction publique.

inférieure au SMIC.
De plus, la pension est majorée d'une somme égale à 10 % du salaire de référence, si l'état de l'assuré demande l'assistance d'une tierce personne.
Il ne faut pas oublier que l'assuré à l'option de s'assurer volontairement dans un délai de douze mois, si l'assurance obligatoire n'est plus valide, sauf l'avènement de cas de force majeure[319], mais l'assuré ne doit pas exercer une activité salariale.
Pour ce secteur public, selon l'article 45 bis de Dahir n°1-58-008[320] et l'article 27 de la loi n°011-71 concernant le régime de pensions civiles susdénommée, l'invalidité définitive qui n'est pas liée aux accidents de fonction ou maladies professionnelles, le fonctionnaire a droit à une pension de retraite pourvu que ses maladies aient été contractées ou aggravées au cours d'une période durant laquelle il ou elle acquérait des droits à pension. En d'autres termes, quand l'intéressé est radié soit sur sa demande, soit d'office à l'expiration des congés[321] de maladie qui lui sont alloués.
Logiquement, la pension d'invalidité est à titre provisoire, car elle est substituée par une pension de vieillesse de même montant dès que le bénéficiaire atteint l'âge d'ouverture du droit à ladite pension. Ipso facto, au niveau social, la

---

[319] Voir : l'article 5 de la loi n°1.72.184 susmentionnée.
[320] Voir : note 318.
[321] L'article 44 du Dahir n°1-58-008, préc., note 318, édicte que : « Des congés de maladie de longue durée n'excédant pas au total cinq (5) ans, sont accordés aux fonctionnaires atteints [...]
Le fonctionnaire perçoit, pendant les trois premières années de ce congé de maladie, la totalité de ses émoluments et la moitié desdits émoluments, pendant les deux années qui suivent, soit d'office à l'expiration des congés de maladie qui lui sont alloués. »

pérennité du système de retraite est fondamentale,[322] surtout que l'approche sociale actuelle de la protection soutient cette couverture pour inclure même les catégories non-salariés[323] et il ne faut pas oublier que le fonctionnement de la retraite illustre une solidarité intergénérationnelle où le principe de la répartition est dominant. C'est une opération financière concernant les pensions des retraités par les cotisations des affiliés actifs au bénéfice des affiliés passifs. Comment alors fonctionne l'assurance vieillesse ?

5. L'assurance conventionnelle de retraite de base obligatoire et Takaful Épargne Retraite

Il est essentiel d'étudier l'assurance de retraite conventionnelle en premier lieu afin de comprendre la différence de son équivalent dans le droit musulman, Takaful Épargne qu'on va aborder en deuxième lieu.
Dans l'assurance de retraite, la pension de vieillesse ou de retraite est une prestation mensuelle offerte aux assurés qui ont atteint l'âge légal de départ à la retraite. On trouve cinq (5) régimes de retraite de base obligatoires qui sont régis

---

[322] Voir : Cour des Comptes, Rapport sur le système de retraite au Maroc : diagnostic et propositions de réformes, Royaume du Maroc, juillet 2013. Disponible en ligne sur : < https://www.courdescomptes.ma/wp-content/uploads/2023/01/retraite_fr_2013.pdf> (consulté le 25 janvier 2024).

[323] L'article 6 de la loi-cadre n°09-21 relative à la protection sociale édicte que: « La base des adhérents dans les régimes de retraite est élargie aux personnes qui travaillent et ne bénéficient d'aucune pension, à travers le déploiement total du régime de retraite pour les catégories des professionnels, des travailleurs indépendants et des personnes non salariées exerçant une activité libérale, afin d'inclure toutes les catégories concernées et l'adoption des mécanismes nécessaires à cet effet, notamment la simplification des procédures de paiement et de recouvrement des cotisations liées à ce régime. »

par des lois particulières et par des organismes différents[324]. De plus, leurs bases techniques sont aussi dissemblables au niveau du mode de financement, les taux de cotisation, la tarification, la base de liquidation, l'annuité de calcul des droits et le placement des réserves[325]. En effet, il y a un régime général de sécurité sociale qui vise les salariés du secteur privé, alors que le régime des pensions civiles[326] s'applique aux fonctionnaires civils et titulaires de l'État, les agents des collectivités locales et les employés de certains établissements publics. Il existe aussi le régime des pensions militaires qui protège les personnels des Forces armées royales, des Forces auxiliaires et de la Gendarmerie royale[327].
En outre, un autre régime obligatoire appelé « régime collectif d'allocation de retraite » (RCAR) relatif aux agents non titulaires de l'État et des collectivités locales et les personnels des organismes publics soumis au contrôle financier de l'État[328].

Ces régimes suscités sont conditionnés préalablement par

---

[324] On a la Caisse marocaine de retraite (CMR) qui gère essentiellement deux régimes : les fonctionnaires civils et les militaires, puis la Caisse nationale de sécurité sociale (CNSS) qui supervise le régime pour les salariés du secteur privé et le régime collectif d'allocation de retraite (RCAR) qui contrôle le régime pour les agents des établissements publics et les agents temporaires de l'État et des collectivités locales. Pour le régime complémentaire facultatif au profit du personnel du secteur privé, c'est la Caisse interprofessionnelle marocaine de retraite qui le gère (CIMR).

[325] Cour des Comptes, note 322, p. 4 et 5.

[326] Voir : la loi n°011-71 du 30 décembre 1971 instituant un régime de pensions civile.

[327] Voir : la loi n°013-71 du 30 décembre 1971 couvrant les personnels des Forces armées royales, des Forces auxiliaires et de la Gendarmerie royale.

[328] Voir : la loi n°1-77-216 créant un Régime collectif d'allocation de retraite précitée.

l'âge de l'assuré. Comme de juste, dans le secteur privé[329], tout salarié de soixante (60) ans ou cinquante-cinq (55) révolus en cas d'une acceptation de son employeur et le mineur de fond qui prouve sa fonction depuis cinq (5) ans, a droit, selon l'article 53 de la loi n°1-72-184 relative au régime de la sécurité sociale, à une pension de vieillesse. Concernant le secteur public, l'article 1 de la loi n°72-14 fixant la limite d'âge des fonctionnaires et personnels affiliés au régime de pensions civiles circonscrit l'âge des fonctionnaires et personnels affiliés au régime des pensions civiles à 63 ans. Néanmoins, cette limite dépend aussi du domaine d'activité du fonctionnaire. Donc, l'âge de départ à la retraite est :

> « - Soixante (60) ans pour ceux nés avant 1957 ;
> - Soixante (60) ans et six (6) mois pour ceux nés en 1957 ;
> -Soixante et un (61) ans pour ceux nés en 1958 ;
> -Soixante et un (61) ans et six (6) mois pour ceux nés en 1959;
> -Soixante-deux (62) ans pour ceux nés en 1960 ;
> -Soixante-deux (62) ans et six (6) mois pour ceux nés en 1961.
>
> La limite d'âge est fixée à 65 ans pour les enseignants-chercheurs, les fonctionnaires et les personnels nommés en tant qu'ambassadeurs.
>
> Au terme ou à la cessation des fonctions d'ambassadeur, selon le cas, avant que l'intéressé n'atteigne ladite limite d'âge, la date prise en compte pour sa mise à la retraite est celle de la fin ou de la cessation de ses fonctions lorsque son âge dépasse les 63 ans, sans préjudice des dispositions de l'alinéa ci-après. »

Toutefois, cette limite d'âge peut être prorogée selon les exigences des disciplines et services publics d'une période maximum de deux (2) ans renouvelables, deux fois pour les enseignants-chercheurs et une seule fois pour les autres

---

329 Voir : la loi n°1-72-184 15 joumada II 1392 (17 juillet 1972) relative aux salariés du secteur privé.

fonctionnaires et personnels de l'administration par un arrêté du chef du gouvernement, mais après le consentement des intéressés sur l'avis de l'entité de subordination et par dahir concernant les ambassadeurs.
À propos des militaires et les personnels des forces auxiliaires, l'âge de départ à la retraite varie selon leur poste et grade. En principe, il est entre cinquante (50) et soixante-quatre (64) ans.
Quant aux agents des établissements publics et les agents temporaires de l'État et des collectivités locales, l'âge légal de départ à la retraite est fixé à 60 ans, pourtant cet âge est réduit à 55 ans dans le cas des adhérents déclarés « actifs » pour leurs employeurs moyennant une cotisation patronale de 13,2% au lieu de 12%.
Nécessairement, le régime de base de la retraite dépend du statut professionnel de l'assuré.

S'agissant des conditions relatives aux cotisations dans le secteur privé, il faut contribuer dans la période de 3240 jours à la Caisse de la sécurité sociale au minimum.
Effectivement, le montant de la pension est égal à 50% du salaire mensuel moyen soumis à cotisation de 3240 jours (points) qui va augmenter de 1% pour chaque période d'assurance de 216 jours achevée, mais ce montant ne peut pas dépasser 70%. Dans ce sens, la chambre des conseillers a adopté, le 16 juillet 2024, le projet de loi (02-24) modifiant et complétant le dahir portant loi n°1.72.184 du 15 Joumada II 1392 (27 juillet 1972) relatif au régime de sécurité sociale qui va réduire le seuil de cotisations de 3240 points à 1320 jours d'assurance[330] pour les salariés.

---

[330] « Chambre des conseillers : adoption d'un projet de loi modifiant la gouvernance de la CNSS » (20 :46 - 17 juillet 2024) sur : < https://www.barlamane.com/fr/chambre-des-conseillers-adoption-dun-projet-de-loi-sur-la-gouvernance-de-la-cnss/ > (consulté le 20 juillet 2024).

Pour le montant mensuel minimal accordé est de mille dirhams, mais c'est le salaire mensuel moyen de l'assuré qui est la référence de calcul de la pension. La règle est de calculer la quatre-vingt-seizième (96) partie du total des salaires soumis à cotisation et perçus par l'assuré pendant les quatre-vingt-seize (96) mois déclarés qui précèdent le dernier mois civil d'assurance avant l'âge d'admission à cette pension. Cependant, l'assuré est obligé de respecter la procédure[331] et les délais[332] légaux de dépôt de sa demande de pension à la Caisse nationale de sécurité sociale.

N'oublions pas que l'assiette de liquidation est le salaire moyen des huit (8) dernières années d'activité.

Concernant de secteur public, la cotisation pour les fonctionnaires civiles se divise entre la contribution patronale qui est de 10% et celle salariale de10% en considérant l'indice de base[333] de 10% et l'indemnité de

---

[331] En général, pour bénéficier du régime de retraite, l'assuré doit produire des documents suivants selon le secteur d'activité : le formulaire de la demande rempli, la copie de la carte nationale d'identité, la déclaration sur l'honneur d'inactivité ou joindre une pièce justifiant l'activité, l'attestation bancaire de compte (RIB) ou un spécimen de chèque (si le dépôt n'est pas fait auparavant à la CNSS).

Concernant les travailleurs en mine, ils doivent fournir l'attestation de travail au fond pendant une période de cinq ans minimums.

Pour les Marocains résidents à l'étranger, il faut avoir le titre de séjour ou la carte d'immatriculation consulaire, le certificat de résidence dans le cas où le paiement doit se faire hors du Maroc et l'attestation d'identité bancaire et un contrat d'assurance en cas de la coordination des régimes de prévoyance sociale entre le Maroc et le pays de résidence.

[332] L'assuré dispose d'un délai de 6 mois à partir de son soixantième anniversaire pour déposer sa demande de pension. Si ce délai est expiré, la pension est valide à la date de dépôt, sans compter les mois précédents. Cependant, si l'assuré dépose sa demande dans le délai alloué, il peut préserver ses droits rétroactifs.

[333] Le traitement de base est la partie première du salaire que perçoit le fonctionnaire. Ce traitement varie à proportion de la situation administrative de l'agent de l'État.

résidence[334] qui est de 10% ainsi que la totalité des indemnités et primes statutaires[335].

Pour le régime des penses militaires, la cotisation patronale est de 20% et celle salariale est de 10% en prenant en compte les mêmes éléments.

Il est essentiel de souligner que le montant de la pension minimum offerte mensuellement à propos des deux régimes est de 1.500,00 Dhs[336].

De plus, les cotisants à ce régime ont une option de pension de retraite anticipée, pourvu que l'affilié ait réalisé vingt-une (21) années de service pour les hommes et quinze (15) années pour les femmes[337].

Pour ce qui est des agents non titulaires de l'État, et des collectivités locales et les personnels des organismes publics soumis au contrôle financier de l'État, le « régime collectif d'allocation de retraite » (RCAR) est un régime mixte, c'est-à-dire le calcul des cotisations se base sur deux

---

[334] C'est l'indemnité que perçoit le fonctionnaire selon la zone d'affectation.

[335] La rémunération dans la fonction publique inclut le traitement de base, les prestations familiales et toutes autres indemnités instituées par les textes législatifs et réglementaires en vigueur.

[336] ACAPS, La Caisse Marocaine des Retraites (CMR). Disponible sur : <https://www.acaps.ma/sites/default/files/fiche_synthetique_cmr.pdf> (consulté le 29 janvier 2024).

[337] Quant au calcul des pensions de retraite militaire, il se base sur un taux d'annuité de 2,5 % par année de service valable et validable sous condition que le montant de la pension n'excède pas, après déduction de l'impôt sur le revenu, le montant du dernier salaire d'activité net d'impôt. Ce taux devient 2% en cas de retraite anticipée. Sur le plan des militaires à solde spéciale progressive, la pension de retraite correspond à 90% pour les caporaux et à 80% pour les soldats ayant le grade équivaut à un caporal-chef comptant le même nombre d'années de service et bonification.

principes : de répartition[338] et de capitalisation[339].
Selon l'article 15 de la loi n°1-77-216[340], la cotisation salariale est définie à 6% de l'ensemble des rémunérations fixes, abstraction faite des indemnités relatives aux charges familiales et la contribution patronale est aussi 6% concernant le taux constant conformément à l'article 16 de la même loi et « à taux variable déterminé par le régime collectif d'allocation de retraite le 15 mars de chaque année à compter de la 4e année de fonctionnement du régime selon les règles fixées par décret. » Pour les trois premières années de fonctionnement du régime, « la contribution variable est égale à la contribution fixe, majorée de 20% lorsqu'elle porte sur des émoluments perçus dans un emploi classé actif.[341] » Néanmoins, l'assiette des cotisations salariales et contributions patronales ne doit pas être plus que quatre (4) fois le salaire moyen du régime décrété, selon l'article 17 de la même loi. Précisons que le montant de cette allocation est maintenu à 60 % du salaire moyen d'après l'article 20 de la même loi.
Ipso facto, le taux de calcul de la pension de vieillesse est de 2 % x le nombre d'années valides et validées x le salaire moyen de carrière revalorisée[342].

Pour la sélection de la retraite anticipée, les agents affiliés à ce régime doivent réaliser la période de vingt-une (21)

---

338 Le principe de répartition est fondé sur les cotisations des revenus professionnels des travailleurs actifs pour payer les pensions des retraités.
339 Le principe de capitalisation est basé sur l'épargne individuelle.
340 La loi n°1-77-216 créant un régime collectif d'allocation de retraite, Bulletin official du Royaume du Maroc n°3389 bis, du 29 chaoual 1397 (13-10-77), p. 1246.
341 Souligné par l'auteur.
342 Le salaire moyen de carrière revalorisée équivaut à la moyenne de tous les salaires soumis à cotisation de toute la carrière du cotisant revalorisés à la date de liquidation de la pension.

années de services avec un taux d'abattement égal à 0,4 % par mois, mais sans surpasser 24 %[343].

On a, en dernier lieu, le régime de retraite obligatoire concernant les travailleurs indépendants, les personnes exerçant une profession libérale et à toutes autres personnes exerçant une activité non salariée qui ont atteint l'âge de soixante-cinq (65) sont éligibles pour bénéficier de la pension de retraite, selon l'article 2 et 24 de la loi n°99-15 qui régit cette catégorie de professionnels [344].
Le calcul des cotisations se base sur la catégorie de l'adhérent et son revenu forfaitaire (revenu minimum mensuel) applicable à sa catégorie sous condition de respecter les délais imposés sur la foi de l'article 14 de la même loi, mais le cotisant a le droit d'augmenter sa cotisation ou changer l'assiette de cotisation, selon encore l'article 15, sauf que tout retard de versement des cotisations est sanctionné par une majoration de 5% pour le premier mois et 0,5 % pour chacun des mois de retard suivants, conformément à l'article 17 de cette loi.
Le calcul de la pension de retraite est de diviser le montant global des cotisations net de l'adhérent pendant une année par la valeur d'acquisition[345] des cotisations annuelles.

---

[343] Voir : Ministère des Finances et de la Privatisation, « Historique sur l'évolution du secteur de la retraite au Maroc », Dir. Omar FARAJ (mars 2007) 40 Revue Al Maliya, p.25. Disponible en ligne sur : <https://www.finances.gov.ma/Maliya%20tawassol/file_220807_151728869.pdf > (consulté le 29 janvier 2024).

[344] Voir : la loi n°99-15 instituant un régime de pensions pour les catégories des professionnels, des travailleurs indépendants et des personnes non-salariés exerçant une activité libérale du 5 décembre 2017.

[345] La valeur d'acquisition du montant des cotisations est égale à la valeur d'acquisition annuelle multipliée par le taux d'évolution de la moyenne annuelle des revenus sous cotisation constaté entre la première année et la deuxième année. Voir : les articles 21 et 22 de la loi n° 99-15 susmentionnée.

Cependant, il y a deux exceptions quant à la retraite anticipée en considérant un coefficient de réduction qui doit être conforme au montant minimum des pensions d'invalidité ou de vieillesse ou à l'opposé un prolongement de la fonction jusqu'à l'âge de soixante-quinze (75) ans d'où la majoration du montant des cotisations par un coefficient de prorogation prescrit par règlement.
En effet, la pension de vieillesse est calculée comme suite (art. 25 de la même loi) :

Total des cotisations inscrites au compte individuel x Valeur des cotisations à la liquidation x Coefficient de réduction ou de prorogation.

Cela dit, la retraite islamique ou Takaful Épargne est une épargne salariale ou individuelle défiscalisée et sans intérêts usuraires, permettant aux participants de créer un capital en vue de leur retraite tout en bénéficiant des avantages de la réglementation fiscale en vigueur. Donc, c'est un contrat de capitalisation dont l'objet est la réalisation d'une retraite principale ou complémentaire, moyennant le versement des cotisations uniques, libres ou périodiques selon les principes de l'islam, comme déjà étudié[346]. Cette flexibilité donne aux participants le droit de personnaliser leur plan d'épargne en accord avec leurs besoins et leurs capacités financières.

---

[346] *Supra.* pp.28, 38, 66, 72, 79 et *infra*. p.218.

Chapitre II- Les assurances optionnelles indispensables de dommages et de transport

Dans cette section, on va étudier l'assurance de dommages des biens qui est optionnelle, mais au niveau commercial, elle est primordiale[347].

Dans ce contexte, il est important de considérer les différents contrats usuels dans le marché des assurances. On va se pencher sur l'assurance multirisque automobile (1), l'assurance multirisque professionnelle (2), puisque cette assurance multirisque englobe l'assurance l'incendie-explosion qui est généralement prioritaire (3). Aussi, on va explorer l'assurance cybersécurité vu son rôle essentiel dans toute chaine économique dans l'ère de la technologie de l'information (4).

1. L'assurance multirisque automobile

L'assurance multirisque automobile concerne les risques que le propriétaire du véhicule terrestre à moteur non lié à une voie ferrée ou par ses remorques ou semi-remorques veut couvrir en cas d'accident ou en cas de force majeure. L'assureur se réfère aux conditions générales-type du contrat relatif à l'assurance responsabilité civile automobile fixée par l'Arrêté du ministre des Finances et de la privatisation n°1053-06 du 28 Rabii Il 1427 (26 mai 2006) pour rédiger cette catégorie de contrat.

On détermine dans les conditions générales, la définition du véhicule assuré, les risques garantis obligatoires comme celle de responsabilité civile, garantie contre les conséquences des évènements catastrophiques et bien sûr les garanties optionnelles des dommages (ex. dommages tous accidents (DTA), dommages collision, vol, incendie,

---

[347] Il faut penser à l'article 39 du Code des assurances qui soumit l'assurance relative aux biens au principe indemnitaire.

bris de glace), défense et recours, étendue géographique et la protection des données à caractère personnel.
De plus, les garanties complémentaires comme l'inondation, perte financière, rachat de la vétusté, valeur à neuf, accessoires et aménagements professionnels, bagages et effets personnels, panne mécanique, la protection du conducteur et des passagers[348]ainsi que les exclusions communes à l'ensemble des garanties autres que la garantie responsabilité civile.

2. L'assurance multirisque professionnelle

L'assurance multirisque professionnelle propose aux entreprises et professionnels une sécurisation des différents risques connectés à leur activité[349].
Elle couvre les locaux professionnels, les biens (matériel, marchandises, machines, etc.) de même que la perte d'exploitation en raison d'un arrêt de l'activité en conséquence d'un sinistre assuré. En effet, ce contrat doit inclure la responsabilité civile sur la base des dommages causés aux tiers (y compris les clients de l'entreprise). Par exemple, les risques assurables sont l'incendie et les risques annexes (explosion, implosion, dommages électriques …), le dégât des eaux et gel, le vol, le bris de glace. Item, l'assureur couvre les frais de déplacement et de relogement, les frais de maintenance des supports (archives, modèles, fichiers, etc.), les frais de déblais et démolition, la perte de loyers, la perte d'usage des locaux, etc.

---

348 Cette garantie débute lorsque le conducteur et les passagers prennent place dans le véhicule assuré et prend fin dès qu'ils en sont descendus. Si lors d'un accident, le nombre des personnes transportées est supérieur au nombre de places prévues par le constructeur, les indemnités seront réduites proportionnellement.

349 Les risques sont multiples selon le domaine d'exploitation économique.

Certes, ce contrat d'assurance est personnalisable selon la nature de l'activité professionnelle et les besoins de l'assuré, puisque les risques soulevés ne sont pas toujours les mêmes.
L'exemple de l'assurance de transport[350]des marchandises est capital du moment que toute économie est basée sur le transport. Au niveau les assurances terrestres, on trouve le transport routier et celui ferroviaire, l'assurance s'appliquer à égard de l'entreprise de transport et de son client, c'est-à-dire l'expéditeur. En général, le transporteur est protégé par l'assurance responsabilité civile professionnelle ou l'assurance « flotte de véhicules » par rapport au transport routier[351] des marchandises. Pour la marchandise transportée par voie routière ou ferroviaire[352], l'assureur offre deux options de couverture des risques : premièrement, l'assurance « tous risques » qui garantit généralement les dommages et pertes matériels ainsi que les pertes de poids ou de quantité, y compris lorsque ces

---

[350] Concernant les assurances maritime et aérienne, *infra.* p. 188 et suiv.
[351] Le contrat de transport se forme initialement entre l'expéditeur (le vendeur), le transporteur et, si nécessaire, le commissionnaire de transport qui est l'intermédiaire entre les deux. Le destinataire (acheteur) est traditionnellement absent lors de la conclusion du contrat, mais tout dépend des négociations des parties au contrat de vente et l'application des lois en vigueur. Donc, le donneur d'ordre qui conclut le contrat de transport avec le transporteur peut être une autre personne que l'expéditeur. Par exemple, une usine qui stocke ses marchandises chez un prestataire logistique indépendant est chargée aussi à conclure le contrat de transport des marchandises vendues.
Voir : Convention relative au contrat de transport international de marchandises par route (C.M.R) du 19 mai 1956 à Genève. En vertu de l'article 17 de cette convention, le transporteur routier n'est pas responsable des pertes ou dommages subis par les marchandises s'il prouve leur origine de vices inhérents à la marchandise, en cas de force majeure et la faute du chargeur ou le destinataire.
[352] Voir : Convention internationale concernant le transport des marchandises par chemins de fer (CIM), conclue à Berne le 7 février 1970 et ses protocoles.

dommages et pertes résultent du chargement ou du déchargement effectué par l'assuré ou le bénéficiaire de l'assurance, le vol des colis à condition de preuve par le chargeur de la non-livraison définitive. Deuxièmement, l'assurance « accidents caractérisés » où la garantie concerne les dommages et pertes matériels ainsi que les pertes de poids ou de quantités subis par les marchandises assurées en raison de la réalisation de l'un des évènements limitativement détaillés dans le contrat d'assurance. Pratiquement, on parle de la destruction, déraillement, renversement, chute, rupture d'essieu, de roue, d'attelage ou de châssis du véhicule de transport. Aussi, le heurt ou collision du véhicule avec un autre véhicule ou un corps fixe ou mobile, incendie ou explosion, chute d'arbres, etc. Donc, tout dépend de la capacité financière de l'assuré. De plus, il y a les limitations légales et contractuelles. On trouve en premier lieu la faute pénale, la faute intentionnelle ou inexcusable de l'assuré, ses préposés ainsi que ses ayants droit. En deuxième lieu, le défaut de l'emballage ou du conditionnement de la marchandise et en troisième lieu, les conditions propres de la marchandise assurée comme vice propre et freinte normale de route[353].

3. L'assurance incendie

Le contrat d'assurance contre l'incendie a pour objet l'indemnisation de l'assuré contre les dommages subis à cause d'une combustion ou explosion des biens immobiliers et mobiliers assurés. L'article 51 du Code des assurances précise que l'incendie assurable est celui causé par la conflagration, l'embrasement ou simple

[353] Voir : Spécimen de la police française d'assurance des marchandises transportées par voie de terre– conditions générales (1er juillet 2012), en ligne sur: < https://www.vt-logistics.fr/CG_Terrestre.pdf > (20 aout 2023).

combustion[354], sauf convention contraire où l'assureur peut insérer ceux provoqués par la seule action de la chaleur ou par le contact direct et immédiat du feu ou d'une substance incandescente s'il n'y a eu ni incendie ni commencement d'incendie susceptible de dégénérer en incendie véritable.
Communément, le risque d'incendie de base englobe l'incendie et certaines extensions obligatoires. Les garanties de l'incendie comprennent l'incendie et son début, secours et mesures de sauvetage, perte ou disparition des objets assurés pendant l'incendie[355].
L'assurance incendie regroupe trois catégories de garantie : premièrement, les risques directs qui concernent les biens des particuliers et les biens professionnels et ceux agricoles. On trouve pour les particuliers par exemple les dommages ménagers et la garantie des objets de valeur comme les bijoux et voitures de collection. On a toujours une franchise et un seuil maximum de dédommagement. Aussi, au niveau professionnel, le risque recouvre le matériel divers selon le domaine d'activité. L'assurance des marchandises est un exemple révélateur. En général, ces risques les plus courants sont inclus globalement dans le contrat « multirisque » professionnel, sauf en cas les risques industriels[356]. Deuxièmement, l'assurance de responsabilités. Elle comprend différentes responsabilités, celle de la propriété concernant les dommages subis par son ou ses locataires du fait des bâtiments loués ; celle du locataire (responsabilité locative[357]) pour dédommager le

[354] Il faut se rappeler que les sources de la combustion sont soit naturelles, soit humaines, mais souvent c'est la négligence humaine qui prévaut comme le non-respect des mesures de sécurité des lieux de stockage des produits inflammables.
[355] Voir : l'art. 53 du Code des assurances marocain.
[356] *Supra.* p.133.
[357] Il faut mentionner les cas d'exonération de cette responsabilité. On trouve d'abord, le cas de force majeure ou cas fortuit. Le locataire doit

propriétaire à la suite des dommages subis pendant la jouissance des bâtiments loués [358]et celle extracontractuelle face aux voisins et des tiers. Troisièmement, l'assurance des faits et pertes énumérés dans le contrat. Cette assurance renferme les perdes d'usage, la perte de loyer, les pertes indirectes (les frais supplémentaires divers), les honoraires d'experts et les pertes d'exploitation.

Or, pour être remboursé, il faut suivre la procédure d'indemnisation qui demande une expertise dans un délai de trois (3) mois, sinon l'assuré peut avertir l'assureur par une lettre recommandée avec accusé de réception pour bénéficier des intérêts courus. En cas de retard, après six (6) mois, chacune des parties pourra ester en justice[359].

Concertant les exclusions, sauf convention contraire, on trouve faute intentionnelle, le vol, vice propre et les catastrophes naturelles[360].

---

prouver que l'incendie émane d'un événement extérieur, imprévisible et insurmontable comme un événement naturel ou la faute d'un tiers. Ensuite, le vice de construction. Le locataire doit prouver que l'incendie est attribuable à un défaut de construction et enfin, le feu communiqué par une maison voisine.

[358] L'article 663 du Code des obligations et contrats marocain édicte que : « Le preneur est tenu de deux obligations principales :
a- De payer le prix du louage ;
b- De conserver la chose louée et d'en user sans excès ni abus, suivant sa destination naturelle ou celle qui lui a été donnée par le contrat. »

[359] L'article 52 du code des assurances dicte que : « Les dommages matériels résultant directement de l'incendie ou du commencement d'incendie sont seuls à la charge de l'assureur, sauf convention contraire, même si les dommages sont provoqués par la foudre.
Si dans les trois (3) mois à compter de la remise de l'état des pertes, l'expertise n'est pas terminée, l'assuré aura le droit de faire courir les intérêts par sommation ou par lettre recommandée avec accusé de réception ; si elle n'est pas terminée dans les six (6) mois, chacune des parties pourra procéder judiciairement. »

[360] Voir : les articles du Code des assurances visant faute intentionnelle (art. 31), le vol (art .54), vice propre (art.55) et les catastrophes naturelles (art. 56).

4. L'assurance cyber risque

La cyber assurance ou l'assurance cyber responsabilité ou encore l'assurance cybersécurité est définie comme le transfert du risque financier associé aux nouvelles technologies, au réseau d'internet et aux systèmes informatiques afin de contribuer à réduire ces risques[361]. En effet, malgré que le risque des nouvelles technologies est comparativement peu assuré à cause des réticences de certains assureurs compte tenu du scepticisme vis-à-vis de leur capacité financière et leur aptitude à fournir les bons outils pour évaluer ce type de risque, mais il est important de comprendre que l'ère de la technologie d'information et la forte progression des opérations de commerce électronique, les risques liés au système informatique et le réseau d'internet sont devenus fréquents[362]surtout accélérés par la crise sanitaire de coronavirus de 2019. En d'autres termes, les transactions en ligne sont devenues ubiquistes d'où le rajout de l'assurance cyber risque est intéressant. Les deux secteurs public et privé de l'économie sont touchés par les vols de données numériques[363], les attaques cybernétiques et l'atteinte à la réputation via les sites

---

[361] Voir : Insurance Information Institute, « Cyber insurance : a key part of a robust business strategy », 12 octobre 2023. Disponible sur : < https://www.iii.org/article/cyber-insurance-a-key-part-of-a-robust-business-strategy » (consulté le 15 octobre 2023) ; Costis TOREGAS et Nicolas ZAH, « Insurance for Cyber Attacks : The Issue of Setting Premiums in Context », Report GW-CSPRI-2014-1, George Washington University, 7 janvier 2014.

[362] Voir : Sébastien HEON et Didier PASOIRE, « La couverture du cyber-risque » 2017/2 (n°126) *Revue d'économie financière* 170- 182.

[363] Par exemple, les systèmes d'infrastructures de transport aérien, ferroviaire, de transport en commun et maritime sont touchés par divers cyber risques qui impactent sur le fonctionnement des systèmes et la confidentialité des données. *Cf.* Gina TONN, « Cyber risk and insurance for transportation infrastructure » (July 2019) vol.79 *Transport Policy* 103-114.

électroniques. Certes, ce marché est en constante progression.
La preuve est les mesures législatives qui ont donné plusieurs lois et procédures de protection contre ces phénomènes. On trouve la loi n°53-05 relative à l'échange électronique des données juridiques, la loi n°07-03 complétant le Code pénal qui concerne les infractions relatives aux systèmes de traitement automatisés des données (11 novembre 2003), la loi n°09-08 relative à la protection des personnes physiques à l'égard du traitement des données à caractère personnel (18 février 2009), la loi n°31-08 édictant des mesures de protection du consommateur (18 février 2011), la loi n°121-12 modifiant et complétant la loi n°24-96 relative à la poste et aux télécommunications, promulguée par le dahir n°1-19-08 du 18 joumada 1440 (25 janvier 2019), la loi n°43-20 relative aux services de confiance pour les transactions électroniques (31 décembre 2020) .
Dans ce contexte, l'assurance contre le risque cyber s'est développé pour contenir les risques informatique et électronique comme une panne de machines, une perte de données, un chantage informatique, une cyber fraude, une attaque pirate (hacking) qui bloquent les systèmes informatiques jusqu'au paiement d'une rançon, des agissements diffamatoires via internet, etc.
De ce fait, la rédaction du contrat d'assurance doit inclure une clause de cyber risque, mais pour être indemnisé, la procédure de dépôt de plainte de la victime doit suivre. Cependant, les risques liés à la cybercriminalité[364] sont exclus, puisque la gestion des actes cybercriminels est vulnérable et les règles de responsabilité n'ont pas encore répondu globalement aux défis créés par les nouvelles technologies. Le seul atout déployé est de se référer aux

[364] Voir : l'article 5 de la loi n°110-14 instituant un régime de couverture des conséquences d'événements catastrophiques.

spécificités et la taille de l'assuré dans le marché, du moment où le calcul de la prime est systématiquement élevé.
De plus, les mécanismes adéquats de la réassurance sont encore absents en cas des sinistres extrêmement transcendants comme le cas des cyberattaques.
Indubitable, le marché de la cyber assurance, malgré l'amélioration de la compréhension des gestionnaires de risque et la stabilité des tarifs de certains produits cybernétiques est constamment confronté aux enjeux du marché de l'assurance[365], d'où l'asymétrie de l'information, le risque moral et la fixation des primes à cause du manque de données actuarielles, l'incertitude sur la responsabilité et les nouvelles technologies (ex. l'intelligence artificielle), le respect des normes réglementaires et la quantification des risques ainsi que leurs coûts, car les nouvelles technologies avancent rapidement par rapport aux règles normatives et les barèmes de classement doivent être basés sur une recherche des données sur les pertes réelles.

Pour compléter l'analyse des contrats d'assurance de dommages des biens, il est important de connaitre les différents contrats d'assurance maritime et ceux du fret aérien.

---

[365] Voir : Insurance Information Institute, « Cyber Insurance Market Growing Dramatically, Triple-I Finds », New York, 7 février 2024. Sur : < https://www.iii.org/press-release/cyber-insurance-market-growing-dramatically-triple-i-finds-020724> (consulté le 7 février 2024).

Partie III- L'assurance des transports maritime et aérien des marchandises

L'étude les assurances de transport maritime et celui aérien va nous donner une vue d'ensemble sur divers régimes internationaux qui s'interfèrent dans le commerce maritime et aérien d'où la nécessité du contrat d'assurance qui a sans doute un rôle catalyseur au niveau de l'expansion de l'économie nationale et internationale.

Chapitre I- L'assurance de transport maritime des marchandises

Avant de se pencher sur l'assurance de transport maritime, il est essentiel de se rappeler que l'opération de l'assurance est née avec le marché maritime qui opère dans un contexte international. Dans ce sens, le contrat de transport maritime[366] est lié par plusieurs lois internationales édictant des cas d'exonération qui limitent la responsabilité du propriétaire du navire ou le transporteur des marchandises

---

[366] Le contrat de transport maritime se divise en deux catégories : les contrats d'affrètement et les contrats de transport sous connaissement qui ont la même finalité : l'acheminement de la cargaison d'un port à un autre, mais ces deux catégories de contrat sont soumises à des régimes différents. Aussi, le contrat d'affrètement porte sur le navire tandis que le contrat de transport porte sur la marchandise.

Pour le contrat d'affrètement, c'est le contrat par lequel le fréteur (propriétaire du navire) s'engage, moyennant rémunération, à mettre son navire à la disposition d'un affréteur. Soumises au principe de la liberté contractuelle, les conditions de l'affrètement sont définies par les parties. Exigée à titre de preuve, la charte-partie est l'écrit constatant le contrat d'affrètement.

Concernant le contrat de transport sous connaissement est un contrat entre le propriétaire du navire marchand et le chargeur et il est lié à la vente et la revente maritimes en cours de voyage maritime. Ce contrat met en présence le transporteur, le chargeur et un destinataire. C'est une particularité du contrat de transport maritime. Le destinataire n'apparaît pas en personne lors de la conclusion du contrat, mais le transporteur est informé de son existence et souvent de son identité, puisque c'est lui qui se présentera à l'arrivée pour prendre livraison de la marchandise et c'est lui qui bénéficie d'une action en responsabilité contre le transporteur en cas de dommages subis à la cargaison. Le connaissement est le reçu de la marchandise, un titre négociable représentatif de la marchandise. Il fait preuve de la prise en possession de la cargaison et l'existence du contrat de transport. Donc, le connaissement peut être « au porteur » pour le transfert des droits sur la marchandise directement à l'ayant droit ou « à ordre » quand le transfert des droits se réalise par endossement, ou encore « à personne dénommée », lorsque le transfert doit se faire à une personne précise.

sur mer. Dès lors, en cas de dommage, l'indemnisation du propriétaire d'une cargaison ou le chargeur est assujettie aux limites légales des conventions internationales[367]. Cette situation économique et financière peut donner des montants de l'indemnisation inférieurs à la valeur des biens perdus ou endommagés. D'évidence, les chargeurs recourent à l'assurance afin de protéger leurs cargaisons en considérant le contrat de vente[368] et les termes de commerce[369] (incoterms) convenus entre le vendeur et l'acheteur. Aussi, le transporteur ou le propriétaire de

---

[367] Voir sur le régime de responsabilité du transporteur maritime sous connaissement : la Convention de Bruxelles de 1924, les Règles de La Haye-Visby de 1968 et Convention sur le contrat de transport international de marchandises effectué entièrement ou partiellement par mer dite les règles de Rotterdam de 2009 ; Hind ADIL, *La responsabilité du transporteur maritime international de marchandises sous connaissement : causes d'exonération et limitations légales,* Mémoire présentée à la Faculté des études supérieures en vue de l'obtention du grade de maître en droit, option : droit des affaires, Université de Montréal, 2005 ; Hind ADIL, *Le régime juridique international de la responsabilité du transporteur maritime de marchandises sous connaissement : un échec?* Thèse présentée à la Faculté de droit en vue de l'obtention du grade de doctorat en droit, option : droit des affaires, décembre 2009.

[368] Voir : la Convention des Nations Unies sur les contrats de vente internationale de marchandises de 2011.

[369]Les Incoterms sont un ensemble des règles émises par la Chambre de commerce international (CCI) afin de faciliter les transactions commerciales par rapport aux droits, devoirs et responsabilités des vendeurs et des acheteurs pour la vente internationale des marchandises. Chaque règle des Incoterms donne les obligations et clarifie les coûts et le transfert des risques que doivent supporter les parties du contrat de vende d'où l'assurance est un élément clé. Voir : Guy LEFEBVRE, « Incoterms 2020 : nouveautés et difficultés pratiques » (2019) 53 *Revues juridique Thémis de l'Université de Montréal* 603. BEN THOMPSON, « Incoterms 2020 Explained – The Complete Guide » 20/01/2020 sur : < https://incodocs.com/blog/incoterms-2020-explained-the-complete-guide/> (consulté le 12 mars 2024).

navire a nécessairement besoin d'une protection contre les risques probables du navire comme les risques des avaries communes et des avaries particulières (ex. les dommages associés aux conditions de transport). L'assurance maritime suivit essentiellement le principe indemnitaire.

On va étudier en premier lieu, l'assurance de facultés vu que le Maroc est un pays chargeur. En deuxième lieu, on va aborder l'assurance corps, puisque la détermination de la responsabilité des deux parties du contrat de transport maritime influe sur l'indemnisation de l'assureur. Du reste, il faut connaitre les assurances corps hors commerce pour la seule raison que le Maroc a les ports de plaisance et une flotte importante de pêche, mais avant d'analyser les distincts contrats d'assurance maritime, il est important de mentionner l'article 345 du Code maritime marocain qui impose que le contrat d'assurance maritime doit être rédigé par écrit et doit comporter les conditions générales comme les lois applicables, la police type[370], les conditions particulières comme la date de conclusion de la convention, le nom et le domicile de l'assuré, les risques assurés, la durée de couverture, le capital assuré, la prime, la clause d'arbitraire, etc.
De plus, il y a des différences au niveau du processus de l'indemnisation d'un risque, contrairement à l'assurance terrestre. Par exemple, l'article 354 du Code de commerce maritime marocain, l'assuré ne veut pas résilier son contrat d'assurance même avant le commencement des risques, sinon l'assureur a droit, à titre d'indemnité forfaitaire, à la

---

[370] Selon des contrats d'assurance maritime sur facultés rédigés au Maroc et consultés dans un but académique, c'est la police française d'assurance maritime sur facultés (imprimée du 17 aout 1944, modifiée le 1er janvier 1947 et 1er juillet 1960) et ses clauses additionnelles qui est applicable. Cf. Loi canadienne sur l'assurance maritime L.C. 1993, ch. 22. Disponible en ligne : < https://laws-lois.justice.gc.ca/PDF/M-0.6.pdf> (consulté le 17 mars 2024).

moitié de la prime consentie au cours de la conclusion du contrat, sauf en cas de la force majeure ou en cas d'une justification juridiquement valable.
En outre, même en cas de bonne foi concernant une fausse déclaration de l'assuré, selon l'article 353 du même Code, donne à l'assureur le droit d'annulation du contrat d'assurance et la prime reste acquise à l'assureur.
Encore, l'article 346 interdit l'assurance cumulative et prescrit une réduction de l'indemnisation en cas de plusieurs assurances successives sur la plus récente.
De même, la coassurance obéit à une règle particulière : c'est la date d'effet du contrat qui domine en donnant la priorité à l'assureur qui a contracté le premier avec l'assuré si le contrat couvre la totalité des risques de l'expédition, sinon, on se réfère toujours à la date effet du contrat par rapport aux excédents. Item, on parle d'une réduction proportionnelle en cas de surassurance selon l'article 362[371] du Code maritime, sauf en cas de fraude ou dol de l'assuré.

---

[371] « S'il existe deux ou plusieurs contrats d'assurance faits sans fraude, sur les mêmes choses, contre les mêmes risques, par l'ordre des mêmes intéressés, et que le premier en date de ces contrats couvre l'entière valeur des choses assurées, c'est ce premier contrat qui subsiste seul. Les assureurs qui ont signé les contrats subséquents sont libérés. Si l'entière valeur des choses assurées n'est pas couverte par le premier contrat, les assureurs qui ont signé les contrats subséquents répondent de l'excédent en suivant l'ordre de date des contrats.
Si les divers contrats assurent ensemble une somme supérieure à la valeur des choses assurées et sont de même date, ils subsistent tous, mais subissent une réduction proportionnelle à la somme couverte par chacun d'eux.
En cas d'assurance sur facultés par police flottante, l'ordre des dates se règle d'après la date, non du contrat, mais de la mise en risque des facultés assurées.
Nonobstant, les dispositions qui précèdent, l'assurance conclue par celui aux risques duquel voyagent les choses assurées est seule valable, quelle qu'en soit la date, à l'exclusion de toute autre assurance qui aurait été conclue par un tiers, pour son compte, mais sans mandat ni ratification de sa part. »

Aussi, quand il s'agit des contrats d'assurance maritime sur facultés par police flottante[372], l'ordre des dates se fait suivant les risques assurés et non par la date d'effet du contrat[373].

1. L'assurance sur facultés

L'assurance internationale sur facultés est l'assurance qui protéger l'expédition ou les marchandises transportées par un navire marchand souscrit par le changeur[374] durant le voyage maritime en se référant au type de police d'assurance qui est liée au type de la marchandise, aux conditions requises pour l'expédition, l'âge et les unités de jauge du navire ainsi que le certificat de gestion de la sécurité délivrée par une société de classification[375]reconnue. Donc, le transporteur des marchandises doit posséder une attestation de conformité (en anglais « document of compliance »), les documents prescrits par la Convention internationale de 1974 pour la

---

[372] *Infra.*, p.197.

[373] Voir : l'article 368 du Code maritime marocain.

[374] L'article 1 des Règles de Hambourg de 1978 édicte que : « […]3. Le terme "chargeur" désigne toute personne par laquelle ou au nom de laquelle ou pour le compte de laquelle un contrat de transport de marchandises par mer est conclu avec un transporteur et doit s'entendre également de toute personne par laquelle ou au nom de laquelle ou pour le compte de laquelle les marchandises sont effectivement remises au transporteur en relation avec le contrat de transport par mer. »

[375] L'article 33 bis (Ajouté, D. 6 juillet 1953 - 24 chaoual 1372) du Code maritime marocain oblige le propriétaire de navire d'avoir un certificat de franc-bord délivré par une société de classification agréée ou reconnue qui a le rôle de vérifier l'état de navigabilité des navires selon la réglementation en vigueur. Voir aussi les articles 36,37,37 bis et 37 quater concernant les navires étrangers du même Code.

sauvegarde de la vie humaine en mer (SOLAS)[376], entrée en vigueur par le gouvernement marocain de 25 mai 1980 et qui apporte les principes directeurs de la sécurité de la navigation maritime que les États du pavillon doivent se conformer pour une bonne gestion de la sécurité en mer et la prévention de la pollution[377]en instituant le Code international de gestion de la sécurité, dit « Code ISM » pour évaluer tous les risques liés à chaque type de navire, sa gestion nautique et celle commerciale surtout dans un environnement nouveau de gestion des cyber risques maritimes.

De plus, on a déjà souligné que l'opération d'assurance est liée aux régimes juridiques internationaux de transport maritime et ceux de la vente[378].

L'assurance maritime des marchandises est fondée sur la responsabilité du transport maritime, mais leur mécanisme d'indemnité est différent, puisque le risque est calculé non

---

[376] Des amendements de la Convention SOLAS ont été adoptés en 2024. Disponible en ligne : <https://www.imo.org/fr/About/Conventions/Pages/Amendments-to-IMO-instruments.aspx> (consulté le 13 février et 12 mars 2024).

[377] Voir : Convention internationale de 1973 pour la prévention de la pollution par les navires, telle que modifiée par les Protocoles de 1978 et de 1997 et six annexes techniques entre 1983-2005 (MARPOL), rentrée en vigueur au Maroc le 28 septembre 1990 et Convention internationale de 1978 sur les normes de formation des gens de mer, de délivrance des brevets et de veille, telle que modifiée (STCW), y compris les amendements de 1995 (rentrée en application par le Maroc le 22 octobre 1997) et les amendements de Manille de 2010 (entrée en vigueur au Maroc le 1er janvier 2012).

[378] Par exemple, le principe de précaution et le devoir de minimisation des risques se complètent. L'article 77 de la Convention de Vienne sur la vente internationale de marchandise parle du principe de minimisation du dommage par l'obligation de la partie qui invoque la contravention au contrat de prendre les mesures raisonnables selon les circonstances afin de restreindre les pertes sinon la partie fautive a la possibilité de réclamer une réduction des dommages et intérêts égale au montant de la perte qui aurait dû être évitée.

seulement sur la valeur de la marchandise, mais selon la responsabilité légale du transporteur maritime. Le régime légal influe automatiquement sur l'estimation actuarielle.
Concertant les types de polices d'assurance de facultés, il y a deux modèles de garanties : les garanties « tous risques » et garantie franc d'avaries particulières sauf celles résultant d'un évènement énuméré « FAP sauf ».

A. L'assurance de facultés de la garantie « tous risques »

L'assurance de facultés « tous risques » est destinée à couvrir les dommages matériels et les pertes de poids ou de quantités subis aux marchandises reconnues dans l'usage maritime.
Quand il s'agit des risques qui sont exclus, en général, ils incluent les pertes de nature commerciale comme les avaries par buée de cale, le vice propre des marchandises, les avaries pour rupture de température, les avaries dues à la freinte de route ou à l'insuffisance ou au mauvais conditionnement des emballages, donc, il s'agit en premier lieu de la faute intentionnelle[379] ou inexcusable de l'assuré et les bénéficiaires de l'assurance, de leurs préposés, représentants ou ayants droit.
Aussi, les limites légales comme les réquisitions ou saisies[380] et les risques politiques[381] comme les accidents et fortunes des guerres civile ou étrangère, les hostilités, les représailles, les actes de sabotage ou de terrorisme et de la grève. Les conséquences de la piraterie politique ou de guerre sont pareillement exclues, seulement celles

---

[379] L'article 359 du Code maritime marocain prescrit que : « L'assureur ne répond pas des conséquences des fautes ou négligences de l'assuré ou de ses ayants droit. »
[380] Voir : les articles 110 à 121 du Code maritime marocain.
[381] L'article 358 du Code maritime marocain exclut les risques politiques, sauf convention contraire.

engendrées par la piraterie lucrative qui sont couvertes. Nonobstant, l'option d'intégrer les risques exclus par la volonté des parties est admissible par des clauses additionnelles types ou des clauses particulières en respectant bien sûr les lois en vigueur.

Concernant la durée du contrat d'assurance, elle dépend du type de voyage maritime. Les polices d'assurance varient selon les circonstances du contrat de vente. On trouve, la police au voyage qui couvre des marchandises durant un trajet déterminé où la marchandise et sa valeur sont bien indiquées ainsi que le nom du navire et les ports d'embarquement et de débarquement qui doivent être connus. Le risque est bien défini. Il y a aussi la police à alimenter (quantum déterminé, durée indéterminée) qui concerne les périples divisés sur une période imprécise. L'assuré doit déclarer à chaque voyage la nature des marchandises ainsi que le nombre des voyages prévus.
Sans oublier deux autres polices : premièrement, la police d'abonnement ou police flottante où la durée du voyage est déterminée, mais la nature de la marchandise et sa valeur ne sont pas déterminées (quantum indéterminé, durée déterminée). Et deuxièmement, la police « Tiers chargeurs » où le client d'une compagnie de navigation comme le transitaire[382], le commissionnaire[383] de transport

[382] Le transitaire en transport maritime est un commerçant qui contracte avec les chargeurs un contrat de service dont le rôle est de faciliter les procédures portuaires des marchandises à l'exportation et à l'importation comme les déclarations au service des douanes.

[383] Le commissionnaire de transport agit en tant qu'intermédiaire du chargeur qui prend en charge le déroulement correct du cheminement de la marchandise à sa destination selon de contrat de transport. On parle du niveau logistique. Il intervient en son nom, mais agit au nom de l'expéditeur, contre une rémunération convenue. L'une des caractéristiques importantes de cette profession est la liberté de choisir

ou le consignataire[384] de marchandise peut solliciter le transport et l'assurance couvrant les marchandises à transporter. C'est une police d'abonnement où l'assurance n'est pas automatique en nom de l'assuré.

Les marchandises qui sont chargées en pontée ne sont pas couvertes, mais elles peuvent profiter des garanties « FAP sauf », si le navire est muni d'installations ajustées au transport en pontée. Par suite, quel est le but de cette garantie ?

B. Garantie Franc d'Avaries Particulières sauf celles résultant d'un évènement énuméré « FAP sauf »

La garantie Franc d'avaries particulières sauf celles résultant d'un évènement énuméré « FAP sauf » correspond à une assurance restreinte. Cette garantie permet s'assurer les pertes et dommages causés aux marchandises par l'un des évènements énumères dans le contrat d'assurance. En général, elle garantit les dommages et pertes matériels ainsi que les pertes de poids ou de quantités causés aux marchandises par les évènements comme le naufrage, l'abordage ou heurt du navire ou l'embarcation de transport contre un corps fixe, mobile ou flottant, la chute du colis assuré pendant les opérations maritimes d'embarquement, de transbordement ou de débarquement, la rupture de digues ou de canalisation, l'éboulement ou les avalanches, l'inondation, l'incendie ou l'explosion, etc.

---

les transporteurs ou les autres intervenants indispensables aux fins de la livraison de la cargaison.

[384] En logistique internationale, le mot « consignataire » fait référence à la personne qui procède au retrait les marchandises au port de destination et il les garde jusqu'à leurs remises à qui de droit. On parle alors de consignataire de marchandises.

En effet, les avaries particulières dépendent de la cargaison assurée, le lieu et le temps du voyage maritime[385]et bien sûr l'assuré peut négocier pour des clauses additionnelles afin d'élargir sa garantie contre une surprime comme en cas d'encombrement portuaire et le délai des surestaries[386].

2. L'assurance corps de navire de commerce

Rappelant que le contrat d'assurance maritime corps de commerce est une convention entre l'assureur et le propriétaire d'un navire marchand qui a pour objet essentiel de garantir les pertes et dommages que subit le navire assuré.
Pareillement à l'assurance sur facultés, on trouve les polices « tous risques » et celles qui énumèrent les risques choisis par l'assuré « FAP sauf »

A. L'assurance corps de navire marchand de garantie « tous risques »

Dans le secteur maritime, la garantie « tous risques » est très pratiquée par les propriétaires des navires en question, puisqu'elle inclut la garantie de tous les dommages et pertes qui touchent le navire assuré sous l'effet de tous les accidents et fortunes de mer.

---

[385]Voir : modèles de police assurance maritime en ligne: < https://www.ms-ins.com/pdf/cargo/MARINECARGOINSURANCECLAUSES.pdf>, et <https://assets.lloyds.com/media/8d826702-befe-43bf-a420-caf4f281ebcc/Lloyd's-Europe-Marine-Insurance-Certificate-layout-guide.pdf/ >(consulté le 13 mars 2024).

[386] Les surestaries ou « jours de planche » sont les redevances payées par les navires à l'administration portuaire pour le stationnement à quai pour effectuer le chargement ou le déchargement de leur cargaison. Lorsque la durée de ce stationnement surpasse le délai fixé par la réglementation portuaire, le capitaine du navire doit payer des « surestaries ».

Tous les évènements qui entraînent une perte, un dommage au navire sont couverts de plein droit, à moins qu'ils ne résultent expressément d'une exclusion soit énumérée dans la police, soit par la force de la loi.
La garantie s'étend également aux frais, aux dépenses et débours auxquels l'assuré doit faire face, telle que les contributions aux avaries communes, les dépenses d'assistance et de sauvetage ainsi que les mesures conservatoires[387] prises dans l'intérêt du navire. En plus de ces évènements maritimes, il y a les évènements terrestres dans les domaines portuaires. La sécurisation financière des trajets et les séjours non maritimes est connectée à la sécurité des navires comme les accidents du véhicule terrestre de transport et les chutes d'aéronefs, l'écroulement des bâtiments, les catastrophes naturelles comme la chute d'arbres, les éruptions volcaniques et les tremblements de terre.
Toutefois, il faut se rappeler que l'assureur ne couvre pas les dommages, les pertes, les recours des tiers et les dépenses relatives à des limites légales comme le commerce prohibé ou clandestin, confiscation, mise sous séquestre et réquisition, saisie, caution ou autre garantie financière, faute intentionnelle ou inexcusable de l'assuré ou ses préposés, détentions par des autorités

---

[387] Les mesures conservatoires se sont toutes les mesures prises afin de permettre l'arrêt d'un dommage de se former ou encore à limiter ses conséquences. Donc, quand un sinistre s'est produit, il faut prendre à temps les mesures indispensables pour éviter l'aggravation des dommages. Ex. la « mise sous séquestre » qui est une mesure conservatoire à caractère provisoire par une décision judiciaire soit d'une somme d'argent, soit un bien du débiteur jusqu'à une entente entre des parties au litige ou par un jugement. Aussi, la saisie conservatoire qui est une mesure procédurale autorisant à un créancier d'empêcher provisoirement son débiteur de jouir de ses biens afin de garantir le paiement d'une créance avant le jugement final qui peut lui être favorable. Voir : art.110 et 111 du Code de commerce maritime marocain.

gouvernementales, les actes politiques (ex. émeutes, mouvements populaires, grèves, lock-out et autres faits analogues.

B. L'assurance corps de navire marchand des garanties « F.A.P Sauf »

La garantie « F.A.P » couvre les dommages et pertes matériels provenant d'évènements limitativement énumères dans la police.

Les armateurs peuvent convenir de tout autre mode d'assurance et demander similairement des garanties complémentaires : frais de retirement, bonne arrivée, etc.

Par ailleurs, il est nécessaire de remarquer que les navires de pêche sont un objet notoire dans le marché marocain des assurances vu la position géographique du Maroc. Cette couverture concerne le corps de navire de pêche côtière et hauturière pour garantir les dommages, les pertes, les recours des tiers, les dépenses découlant de fortune de mer et d'accidents relatifs au navire assuré (ex. les tempêtes, naufrage, l'échouement, jet, feu, explosion, pillage, etc.) et évidemment l'équipement de pêche et de l'armement particulier[388]. [Par la même occasion, il faut mentionner

[388] On se réfère toujours et malheureusement aux polices françaises désuètes sur corps de tous navires à l'exclusion des navires de pêche, de plaisance, des voiliers et des navires à moteur auxiliaire de1941 modifiée en 1946, 1947 et 1949, alors que même la France a changé cette police le 1er janvier 2002. Voir : Polices françaises sur corps de tous navires à l'exclusion des navires de pêche, de plaisance, des voiliers et des navires à moteur auxiliaire de 1941(Spécimen). Disponible en ligne : < https://stream.law/wp-content/uploads/2021/07/C-M-du-1er-decembre-1941-mod-1949.pdf> (consulte le 30 mars 2024).

Voir : Police française d'assurance maritime sur corps de tous navires tout risque à l'exclusion des navires de pêche, de plaisance et des navires en construction du1er janvier 2012 (Spécimen). Disponible en

l'assurance corps bateaux de plaisance qui protège au premier chef le propriétaire contre la responsabilité civile extracontractuelle. Cette assurance est obligatoire depuis 2004 ainsi que celle des personnes transportées et en second lieu, le corps du navire. Dans la plupart des cas, c'est l'assurance multirisque qui est sollicitée par les propriétaires de ces bateaux.]

Analogiquement, l'assurance du transport aérien des marchandises est un sujet intéressant l'économie marocaine, d'où l'intérêt d'expliquer les règles juridiques qui s'y rapportent, sachant que la réglementation nationale du transport aérien est instituée par chaque État à l'intérieur de son territoire et ainsi son espace aérien. Par conséquent, la loi nationale concerne non seulement les services aériens intérieurs, mais aussi ceux internationaux intégrant les transporteurs aériens nationaux et étrangers.
Les règles juridiques étatiques doivent tenir compte des mesures de sécurité et sûreté de la navigation aérienne[389] et les obligations internationales en vertu des accords bilatéraux et multilatéraux. De plus, les services de fret aérien sont une source non négligente de revenue pour les nations en pensant aux expéditeurs de fret aérien qui profitent de la rapidité, de la qualité et de coût avantageux

---

ligne : < https://stream.law/wp-content/uploads/2021/07/Corps_et_Machines_1er_janvier_2012.pdf> (consulte le 30 mars 2024). Pour consulter plus de spécimens de polices sur corps, voir :< https://stream.law/polices-et-clauses-assurances-maritimes/> (consulte le 30 mars 2024).

[389] Voir : l'Arrêté du ministre du transport et de la marine marchande n°1390-02 du 2 septembre 2002 relatif aux conditions techniques d'exploitation des aéronefs et l'arrêté du ministre du l'équipement et de transport et de la marine marchande n°780-03 du 15 avril 2003 fixant les conditions de transport par voie aérienne de tous articles, notamment les marchandises dangereuses, susceptibles de mettre en danger la sécurité de l'aéronef et des personnes à bord.

pour la bonne raison qu'on réduit le risque de dommage en route et l'entreposage coûteux des marchandises[390].

[390] L'Organisation de l'aviation civile internationale, *Manuel de la réglementation du transport aérien international*, 2004, p. 4.5-1. Disponible en ligne : < https://www.icao.int/meetings/atconf6/documents/doc%209626_fr.pdf > (20 mars 2024).

Chapitre II- L'assurance de transport aérien des marchandises

Avant de se pencher sur l'objet de ce chapitre, il est nécessaire de définir le contrat international du transport aérien des marchandises appelé « note de transport aérien » (ACN). Ce contrat est un accord entre un transporteur par voie aérienne et le changeur des cargaisons qui est matérialisé par le document nommé la lettre de transport aérien (LTA) ou le connaissement aérien (en anglais « *Air Waybill* » (AWB)).

1. La lettre de transport aérien

La lettre de transport aérien sert d'accusé de réception de la marchandise et justifie le contrat de transport aérien des marchandises qui est régi par la Convention de Varsovie de1929, révisée à La Haye en 1955[391]. En effet, l'article 5

[391] Rappelant que le Maroc a ratifié ce protocole le 17 novembre 1975 et il est entré en vigueur le 15 févier 1976 par le Dahir n°1-76-263 portant publication du protocole fait à La Haye le 28 septembre 1955 portant modification de la Convention pour l'unification de certaines règles relatives au transport aérien international, signée à Varsovie le 12 octobre 1929. Voir : le Dahir 1-76-259 portant publication de la Convention complémentaire à la Convention de Varsovie pour l'unification de certaines règles relatives au transport aérien international effectué par une personne autre que le transport contractuel, signée à Guadalajara le 18 septembre 1961, le Dahir n°1-57-172 portant publication de la Convention relative à l'aviation civile internationale signée à Chicago, le 7 décembre 1944, le Dahir n°1-62-156 portant ratification du protocole de Montréal portant amendement à la convention relative à l'aviation civile internationale, le Dahir n°1-77-170 portant publication du protocole portant amendement de l'article 50 (a) de la convention relative à l'aviation civile internationale signé à Montréal le 29 ramadan 1394 (16 octobre 1974), le Dahir n°1-88-154 portant publication du protocole portant amendement de la

de cette convention édicte que :

> « - 1. Tout transporteur de marchandise a le droit de demander à l'expéditeur l'établissement et la remise d'un titre appelé : « lettre de transport aérien », tout expéditeur a le droit de demander au transporteur l'acceptation de ce document.
> - 2. Toutefois, l'absence, l'irrégularité ou la perte de ce titre n'affecte ni l'existence, ni la validité du contrat de transport qui n'en sera pas moins soumis aux règles de la présente Convention, sous réserve des dispositions de l'article 9[392]. »

Donc, la « lettre de transport aérien » ou le connaissement aérien est un titre d'acceptation des marchandises[393] pour être transportées entre deux aéroports de départ et celui de la destination. De plus, l'article11 de la même convention donne à la lettre de transport aérien une force probante de la conclusion du contrat de transport, sauf en cas de preuve contraire et elle confirme la réception de la marchandise et des conditions du transport.

En vérité, ce connaissement est non-négociable, sauf

Convention relative à l'aviation civile internationale, fait à Montréal le 06 octobre 1980 et le Dahir n°1-90-107 portant publication du protocole fait à Montréal le 10 mai 1984 portant amendement de la Convention relative à l'aviation civile internationale.

[392] L'article 9 de la Convention de Varsovie édicte que : « Si le transporteur accepte des marchandises sans qu'il ait été établi une lettre de transport aérien, ou si celle-ci ne contient pas toutes les mentions indiquées par l'article 8 (a) à (i) inclusivement et (q), le transporteur n'aura pas le droit de se prévaloir des dispositions de cette Convention qui excluent ou limitent sa responsabilité »

[393] L'article 6 (2) de la convention de Varsovie prescrit que la lettre de transport aérien doit être faite en trois exemplaires originaux et remise avec la marchandise à trois intervenants : le transporteur, l'expéditeur et le destinataire. Le premier exemplaire est signé par l'expéditeur et remis au transporteur. Le deuxième exemplaire est signé par l'expéditeur et le transporteur pour le destinataire et le troisième exemplaire est signé par le transporteur et donné directement à l'expéditeur qui est un professionnel organisant en son nom propre le transport de marchandises pour un donneur d'ordre soit en cas l'importation, soit en cas d'exportation.

consentement des parties, selon l'article 15 de la même convention.
Aujourd'hui, cette lettre est un modèle normalisé par l'Association de l'aviation civile[394] internationale qui indique tous les éléments importants du contrat de transport susmentionné. On trouve, en premier lieu, l'identification des parties du contrat de transport, les lieux ou les aéroports de chargement et de déchargement,[395] ainsi que la description de la marchandise, etc.
En deuxième lieu, les clauses au verso qui forment un accusé de réception des conditions tangibles de la marchandise pour être transportée par avion d'où la détermination des obligations et responsabilités des intervenants de cette opération commerciale et ses coûts.
Dans ce sens, l'indication d'un consignataire dans la lettre de transport aérien est essentielle, puisque ce document n'est pas un titre de propriété des marchandises. De ce fait, la réalisation une bonne transaction en pratique oblige le vendeur à confier le connaissement aérien à son agent ou transitaire dans le pays de l'acheteur afin de contrôler adéquatement le transfert des marchandises au destinataire. Par conséquent, il faut penser aux obligations et responsabilités du transporteur, étant donné que son régime international de la Convention de Varsovie est pratiquement similaire au régime du transporteur maritime. La diligence raisonnable prouvée, par la prise des mesures nécessaires d'après l'article 20 et la faute partagée de l'article 21, exonère le transporteur de sa responsabilité, sauf en cas de faute inexcusable selon l'article 25. En outre, l'article 22 (2) limite l'indemnisation en cas de dommage

---

[394] Pour savoir sur les conditions de l'aviation civile au Maroc, voir : la loi 40.13 portant Code de l'aviation civile du 16 juin 2016.
[395] Comme le transport maritime, le fret aérien demande aux parties de prendre en considération les termes de commerce pour faciliter leur transaction commerciale.

comme suit :

> « 2. a) Dans le transport de bagages enregistrés et de marchandises, la responsabilité du transporteur est limitée à la somme de deux cent cinquante francs par kilogramme, sauf déclaration spéciale d'intérêt à la livraison faite par l'expéditeur au moment de la remise du colis au transporteur et moyennant le paiement d'une taxe supplémentaire éventuelle. Dans ce cas, le transporteur sera tenu de payer jusqu'à concurrence de la somme déclarée, à moins qu'il ne prouve qu'elle est supérieure à l'intérêt réel de l'expéditeur à la livraison.
>
> b) En cas de perte, d'avarie ou de retard d'une partie des bagages enregistrés ou des marchandises, ou de tout objet qui y est contenu, seul le poids total du ou des colis dont il s'agit est pris en considération pour déterminer la limite de responsabilité du transporteur. Toutefois, lorsque la perte, l'avarie ou le retard d'une partie des bagages enregistrés ou des marchandises, ou d'un objet qui y est contenu, affecte la valeur d'autres colis couverts par le même bulletin de bagages ou la même lettre de transport aérien, le poids total de ces colis doit être pris en considération pour déterminer la limite de responsabilité. »

Cela dit, c'est la période de livraison qui est intéressante pour l'assureur, car en cas d'avarie selon l'article 26, le destinataire doit adresser par écrit au transporteur une protestation d'urgence après la découverte de l'endommagement où le délai d'avertir le transporteur est limité à quatorze (14) jours après réception de la marchandise. Pour le retard de la livraison, le destinataire doit le réclamer[396] dans les vingt-et-un (21) jours à compter de la date de disposition de sa cargaison, sinon il perd son droit d'ester en justice, non compris, bien sûr, le cas de fraude du transporteur. Le système de preuve est toujours à la charge du demandeur ou encore en cas de force majeure. Aucun remboursement ne sera versé si le retard a été causé

---

[396] En pratique, le réceptionnaire des marchandises doit apposer des réserves sur la lettre de transport aérien.

par exemple par les conditions météorologiques hors contrôle ou d'une grève, ou encore par des troubles civils, etc.

Donc, comment fonctionne le contrat d'assurance de transport de marchandises aérien ?

2. Le contrat d'assurance de transport aérien des marchandises

Le contrat d'assurance de transport aérien des marchandises ou du fret aérien est un contrat qui couvre les lignes commerciales nationales afin de protéger les marchandises pour le compte du vendeur ou de l'acheteur contre les dommages matériels, pertes et parfois en cas de retard de livraison.
Les primes d'assurance du fret aérien sont généralement calculées en fonction de la valeur des produits ou articles assurés et les conditions exigées de transport, leurs destinations et du transit.
La durée du contrat d'assurance commence au moment où les marchandises assurées sont déplacées dans les docks de départ du voyage assuré dans le but d'être directement chargées sur le véhicule de transport et cesse au moment de leur déchargement du véhicule de transport, lors de leur mise à terre dans les endroits convenus par le destinataire, de ses représentants ou ses ayants droit.
La cessation de la garantie du contrat d'assurance est dans un délai de quinze (15) jours à la date de l'arrivée de l'avion-transporteur à l'aéroport de destination, abstraction faite du cas où l'assuré paye une surprime au préalable de telle sorte que la période de la couverture va être prolongée jusqu'à l'entrée des marchandises dans les locaux du destinataire.

Le contrat d'assurance aérienne des marchandises suit le même raisonnement que les autres modes de transport, à savoir que l'assureur offre deux options à l'assuré : une assurance qui circonscrit juste les risques standards des dommages et pertes matériels et l'assurance personnalisée selon la marchandise et le plafond de prime que l'assuré paye pour être indemnisé, du moment qu'on sait que les risques et les mesures de sécurité du transport varient en fonction de chaque secteur d'activité commerciale.

À juste titre, comme le transport maritime, il existe deux types de contrat de transport aérien qui déterminent quelle sorte d'assurance est meilleure pour le chargeur : le contrat de transport « au voyage » et celui « d'abonnement » où l'appellation en assurance est la même. On parle de la police « au voyage » et la police « d'abonnement ou flottante ».

A. Assurance de transport aérien des marchandises « au voyage »

L'assurance « au voyage », qu'on a déjà défini, est le contrat qui couvre les marchandises pour des voyages occasionnels selon la durée du voyage. Cette assurance est souscrite par le chargeur pour une expédition donnée en accord avec des risques déterminés.

Par ailleurs, c'est l'assurance « d'abonnement » qui suit une procédure spéciale où un contrat couvre la totalité des expéditions du chargeur sur une période prédéfinie, en principe, c'est annuel où l'expéditeur comme le commissionnaire, le consignataire ou autre personne pour le compte d'un tiers (le destinataire ou donneur d'ordre) a l'obligation de conclure un contrat d'assurance pour tous les voyages. Dans ce sens, l'assureur pourra à tout moment exiger la production des livres et des correspondances de l'assuré pour vérifier la conformité de ses obligations. En effet, l'assurance « d'abonnement » donne deux types de police.

B. Les types de garanties des polices d'abonnement

Dans les polices d'abonnement, la garantie de l'assureur est de deux sortes :

- Une garantie automatique qui s'applique obligatoirement pour toutes les expéditions, objet du contrat d'assurance selon les conditions particulières dans un temps préétabli ;
- Une garantie facultative ou par voyage. La protection est accordée à chaque expédition suivant la déclaration d'aliments. Cette déclaration doit mentionner les conditions du risque en aliment à l'assureur qui a le devoir de les accepter sous respect des délais convenus. En général, c'est de trois jours en cas de sinistre[397].

De même, on trouve la garantie « tous risques » contre les avaries des marchandises et la garantie limitativement énumères dans la police. Le chargeur peut certainement souscrire des garanties supplémentaires par avenant.

En outre, il existe une autre garantie qui donne seulement une protection contre les « risques de guerres et assimilés » telle que le sabotage, les actes de piraterie, les actions terroristes, les mouvements sociaux, les émeutes, etc.

Pour les exclusions de la garantie, comme le contrat d'assurance maritime, on peut citer les actes juridictionnels et politiques, la faute de l'assuré, le vice propre des marchandises, le retard à livraison, sauf en cas de force

[397] Si jamais la vente des marchandises est effectuée en un lieu de transit à cause des dommages et pertes matériels garantis, l'indemnité d'assurance est déterminée par la différence entre la valeur assurée et le prix net de la vente.

majeure.

Certes, il faut attirer l'attention sur l'assurance aéronefs qui garantit les dommages matériels au corps de l'avion durant le décollage, le vol et l'atterrissage ainsi que les dégâts au sol et qui suit un même raisonnement que celui des navires. Il y a deux polices : une qui couvre les risques ordinaires et une qui limite les risques par exemple aux guerres et assimilés. Cette assurance est conditionnée par les documents requis pour la navigabilité conformément aux agréments ou autorisations reçus par l'exploitant comme les brevets, licences et qualifications en état de validité selon la règlementation en vigueur.
Il ne faut pas oublier les exclusions de garantie comme les dommages et pertes causés par la faute intentionnelle ou dolosive de l'assuré, les risques nucléaires, substances radioactives, etc.

Finalement, l'étude des contrats de dommages et de personnes obligatoires ainsi que les contrats de dommages facultatifs en détail est incomplète si on ne considère pas la même démarche d'analyse pour les contrats d'assurance de personnes optionnels, mais socialement notables.

IV- Les contrats d'assurance de personnes optionnels

Cette partie permettra d'apporter un éclairage analytique sur les assurances de personnes. Rappelant que les assurances de personnes se subdivisent en deux groupes : les assurances de personne-vie ayant pour fin la sécurité financière de l'assuré en cas de vie ou en cas de décès et celles de dommage corporel[398] qui ont pour objet la sécurité de l'intégrité physique de l'assuré, déjà vu dans les contrats obligatoires. Aussi, il est important de penser au principe forfaitaire qui régit les assurances vie, décès et capitalisation. Donc, les sommes assurées sont fixées préalablement au choix de l'assuré. L'assureur ne peut pas exiger le paiement de la prime[399], puisque l'assurance sur la

[398] On parle des risques contre la maladie, l'incapacité et l'invalidité ainsi que les risques de maternité.

[399] L'exception est les assurances populaires où le paiement des primes de la première année est obligatoire, puisque la procédure de souscription de l'assurance vie ne demande pas un examen médical afin d'évaluer la probabilité du risque. Dans ce sens, les polices ne sont pas fondées sur des profils de risque particuliers, les primes peuvent être plus élevées et les limites concernant les montants de la garantie peuvent être plus basses que celles des polices d'assurance vie exigeant un examen médical.

En effet, l'article 101 du Code des assurances édicte que : « Sont considérées comme assurances populaires, les assurances sur la vie à primes périodiques, à montant limité, sans examen médical obligatoire et dans lesquelles en l'absence d'examen médical, le capital stipulé n'est intégralement payable en cas de décès que si le décès survient après un délai spécifié au contrat. Le montant maximal éventuellement revalorisable, qu'il est possible à un assureur de garantir sur une même tête en un ou plusieurs contrats est fixé par voie réglementaire.

Par dérogation aux dispositions des articles 85, 86 et 87 du présent livre, le paiement des primes de la première année est obligatoire dans les assurances populaires ; les dispositions de l'article 21 ci-dessus ne sont pas applicables à ces assurances. »

vie est facultative. L'assureur peut procéder soit à la résiliation du contrat en cas d'insuffisance de la valeur de rachat[400] du capital ou de la rente, soit à la réduction dudit capital ou ladite rente[401] selon les conditions contractuelles convenues[402]. La résiliation ne joue pas en premier lieu en cas de défaut de paiement de la prime, alors que l'assuré avait payé ses primes durant plusieurs années. Ce défaut de paiement de la prime donne deux options pour l'assureur, selon l'article 86 du Code des assurances, soit la réduction du capital ou de la rente, soit la résiliation du contrat en cas d'inexécution.

Par voie de conséquence, la subrogation de l'assureur est absente, sauf en cas d'assurance maladie où les frais médicaux sont régis par le principe indemnitaire. L'assuré est remboursé compte tenu des frais des soins effectués.

Premièrement, on va aborder le contrat d'assurance complémentaire des accidents de santé et maladies qui est optionnel et automatiquement les contrats de vie et Takaful

---

[400] La valeur de rachat correspond au montant que le souscripteur d'une assurance-vie gagnera s'il résilie son contrat avant la date prévue. Autrement dit, le souscripteur peut demander le rachat de l'épargne capitalisée selon les termes du contrat de l'assurance-vie.

[401] L'article 85 de Code des assurances prescrit ce qui suit :

« Lorsqu'une prime ou fraction de prime n'est pas payée dans les dix (10) jours de son échéance, l'assureur adresse au souscripteur une lettre recommandée avec accusé de réception l'informant qu'à l'expiration d'un délai de vingt (20) jours à dater de l'envoi de cette lettre, le défaut de paiement de la prime ou fraction de prime échue ainsi que des primes éventuellement venues à échéance au cours dudit délai, entraine soit la résiliation du contrat en cas d'inexistence ou d'insuffisance de la valeur de rachat du capital ou de la rente garantie, soit la réduction dudit capital ou de ladite rente.

La lettre recommandée prévue au précédent alinéa rend la prime portable dans tous les cas.

En cas de résiliation du contrat en application des dispositions prévues au 1er alinéa ci- dessus, la provision mathématique dudit contrat est restituée au souscripteur. »

[402] Voir : l'article 71 du Code des assurances.

famille ainsi que la capitalisation[403] et la retraite complémentaire.

1. Le contrat d'assurance individuelle et complémentaire accidents de santé et maladies

Le contrat d'assurance individuel des accidents[404] de santé et maladies est équivalant à l'assurance maladie obligatoire pour les individus qui ne sont pas soumis à aucun régime légal d'assurance maladie, mais ils veulent une protection financière pour leur santé. Cette assurance fonctionne comme celle obligatoire et selon les cas d'indemnisation par l'assureur. Il faut repenser aux garanties relatives à l'incapacité temporaire (IT), à l'invalidité permanente partielle (IPP) et à la garantie hospitalisation qui englobe la totalité des frais médicaux et hospitaliers, ou une partie des dépenses, s'il y a une franchise[405].

Cette garantie, comme déjà soulevée, prévoit le versement d'un capital en cas de décès accidentel de l'assuré ou en cas d'invalidité permanente. Les deux capitaux ne sont pas cumulatifs. Aussi, le calcul d'incapacité varie selon le nombre l'infirmité[406].

Il faut ajouter que cette garantie exclut les personnes atteintes de maladie grave ou d'une déficience importante. La technique de sélection des risques donne à l'assureur le pouvoir discrétionnaire d'accepter ou de refuser ce risque. Étant donné que cette assurance est optionnelle, l'assureur s'abstient souvent de prendre les risques élevés au

---

[403] Ce contrat a été introduit par la loi n°87-18 modifiant et complétant la loi n°17-99 portant code des assurances du 9 aout 2019.

[404] Ce sont les accidents de la vie courante où les traumatismes sont non intentionnels de la part de l'assuré.

[405] *Supra.* p.59.

[406] *Supra.*, note 292.

détriment des résultats insatisfaisants[407].

Pour le contrat complémentaire, il est souscrit individuellement ou à l'intérêt d'un groupe afin de garantir le remboursement de la franchise du contrat de maladie obligatoire pour optimaliser l'indemnisation en cas de sinistre. L'indemnisation se réalise suivant les barèmes et grilles tarifaires détaillés par l'assureur dans le contrat ainsi que les plafonds convenus.

2. L'assurance vie et Takaful famille

L'assurance vie est un important moyen d'épargne qui comprend trois sortes de contrat d'assurance : l'assurance en cas de vie, l'assurance en cas de décès et l'assurance mixte de vie et décès. Les assurances vie garantissent le paiement d'un capital ou d'une rente à l'assuré ou au bénéficiaire désigné dans le contrat. En l'absence de désignation d'un bénéficiaire de l'assurance vie, après le décès de l'assuré, ce contrat va être un élément d'héritage des ayants droit[408]. En effet, l'assurance en cas de décès constitue une protection[409] pour les ayants droit de l'assuré, alors que l'assurance en cas de vie est un moyen de placement financier que l'assuré peut utiliser pour être lui-même le bénéficiaire du contrat. En d'autres termes,

---

[407] Voir : Michel FROMENTEAU, Vincent RUOL, Laurence ESLOUS, « Assurance et santé : sélection des risques : où en est-on ? » (2011) 2 n°31 *Presses de Sciences Po*, 63 à 71. Disponible sur : < https://www.cairn.info/revue-les-tribunes-de-la-sante1-2011-2-page-63.htm /> (consulté le 15 aout 2023).

[408] Voir : l'article 78 du Code des assurances marocain.

[409] En ce sens, l'article 282 (5) du Code des impôts marocain donne l'exonération de la taxe pour les contrats d'assurances contre les risques relatifs aux opérations comportant des engagements dont l'exécution provient de la vie humaine, sauf ceux qui se rapportent aux opérations d'assurances temporaires en cas de décès souscrites au bénéfice des organismes prêteurs ou au bénéfice des banques participatives, selon l'article 284-2 du même Code.

l'assurance vie comporte plusieurs options selon la situation de l'assuré où l'information précontractuelle, la transparence des contractants ainsi que l'information annuelle de l'assureur au souscripteur sont impératives[410]. De plus, le bénéficiaire doit être une personne majeure[411]et juridiquement capable. Il est interdit de souscrire un contrat d'assurance vie pour le compte des mineurs âgés de moins de douze (12) ans et de plus de 12 ans[412] sans l'autorisation parentale et son consentement personnel. De même pour les majeurs en tutelle[413], l'approbation du tuteur et

---

410 Selon l'article 72 du Code des assurances relatives à leurs engagements réciproques, une clause spéciale doit figurer dans le contrat d'assurance.

411 L'article 209 du Code du statut personnel marocain dit que : « L'âge de la majorité légale est fixé à dix-huit années grégoriennes révolues. »

412 L'article 213 du Code du statut personnel marocain donne les limites de la capacité comme suit : « La capacité d'exercice est limitée dans les cas suivants :
1- l'enfant qui, ayant atteint l'âge de discernement, n'a pas atteint celui de la majorité,
2- le prodigue,
3- le faible d'esprit.
Les motifs de l'interdiction sont de deux sortes :
- La première : limite la capacité d'exercice sans la faire perdre. Il s'agit là du prodigue, du faible d'esprit et de l'enfant en bas âge de 12 à 18 ans.
- La seconde : fait perdre la capacité d'exercice. Il s'agit là de l'aliéné et de l'enfant en bas âge n'ayant pas atteint l'âge de douze ans ».

413 L'article 211 du Code du statut personnel marocain édicte que: « Les incapables et les non pleinement capables sont soumis, selon les cas, aux règles de la tutelle paternelle ou maternelle, testamentaire ou dative, dans les conditions et conformément aux règles prévues au présent code.
Cet article prévoit la soumission des incapables ou de ceux qui ne jouissent pas de leur pleine capacité, selon les cas, aux règles de la tutelle paternelle, maternelle, testamentaire ou dative dans les conditions et conformément aux règles prévues par le présent code pour leur représentation dans leurs affaires personnelles, la gestion, la mise en valeur et la préservation de leurs biens contre toute perte. »

l'acceptation de l'incapable sont des conditions sine qua non.
Concernant le paiement de prime en l'assurance vie, il peut se faire soit par une prime unique, c'est-à-dire le montant de la prime est donné en un seul versement, soit des primes périodiques.

Sur le plan de la transmission d'un effet de commerce, les contrats d'assurance vie peuvent se transmettre à ordre par voie d'endossement sous condition de mentionner la date de transfert, le nom du bénéficiaire de l'endossement et son consentement, mais la police d'assurance vie ne peut être au porteur.

Donc, l'assurance vie a plusieurs objectifs. Elle sert pour la prévoyance sociale et l'opération de l'épargne ainsi qu'une garantie pour le prêt bancaire ou quand il s'agit de la retraite.
a) <u>L'assurance vie et prévoyance sociale</u> :
Elle donne à l'assuré la possibilité de garantir l'avenir de toute personne à sa charge. Ce contrat d'assurance permet à l'ayant droit[414] de bénéficier après le décès de l'assuré du versement d'un capital ou d'une rente[415]. L'assuré peut opter aussi à un capital différé avec contre-assurance, à savoir le capital que l'assureur doit verser à l'assuré si celui-ci est vivant à l'échéance du contrat et la contre-assurance de façon à garantir le remboursement aux ayants droit de l'assuré qui meut précocement les primes versées par ce dernier. Aussi, l'assuré peut contracter pour un contrat complémentaire vie afin de garantir le doublement du

[414] Voir les articles 75, 76,77 et 78 du Code des assurances marocain.
[415] L'assurance vie temporaire offre une protection pendant un nombre limité d'années. La prime peut augmenter pendant la durée du contrat ou peut rester stable. Les primes plus élevées augmentent l'élément d'épargne de la police au cours de ses premières années.

capital assuré en cas de décès accidentel ou le triplement du capital assuré en cas de décès à cause d'un accident de la circulation.

b) L'assurance vie-crédit :

Elle apporte un soutien à l'expansion du crédit. Indiscutablement, les banques et les sociétés de crédit donnent leur accord si l'emprunteur est crédible financièrement, donc la possession d'une garantie en cas de décès ou en cas d'invalidité facilite d'octroi du prêt vu que l'assureur se substitue à l'assuré pour le remboursement.

c)L'assurance vie et la retraite :

Cette assurance procure une protection supérieure des retraités en leur donnant la possibilité de souscrire un contrat de retraité complémentaire relativement à la pension de retraité du régime de la sécurité sociale[416]pour les salariés où une rente viagère ou un capital différé concernant un seul particulier qui commence à une date précise convenue dans le contrat.

d)L'assurance vie comme une épargne :

Elle permet à l'assuré d'investir son argent par l'intermédiaire de l'assureur comme réserve. Ce dernier fait fructifier les sommes investies par l'assuré et les lui reverse sous forme de capital ou de rente à une date prédéterminée. En cas de décès de l'assuré avant la fin du contrat, ce sont les bénéficiaires indiqués au contrat vie (en tant qu'épargne) qui vont tirer profit de cette assurance.

Dans ce sens, l'assurance dépendance qui est un contrat de prévoyance permet à l'assuré de bénéficier d'une compensation financière en cas de perte d'autonomie physique[417].

---

[416] *Infra.*, p.221.

[417] Rappelant que la dépendance est la limitation d'un individu dans la réalisation d'actes élémentaires de la vie quotidienne et cela demande une certaine assistance d'une tierce personne. Les contrats d'assurance

Cela dit, il ne faut pas oublier l'assurance islamique « Takaful famille » qui est différente de l'assurance vie conventionnelle. L'obstacle premier est le caractère aléatoire de cette assurance. L'éthique économique islamique interdit les contrats fondés sur le hasard et le concept de l'assurance vie est de vendre une sécurité future incertaine où l'assureur retient des bénéfices.

En effet, la notion de mutualité de l'assurance islamique se concrétise par deux composantes : premièrement, le fonds mutuel *Takaful* réservé à couvrir le risque de mortalité du participant et deuxièmement, un compte de placement personnel selon les principes coraniques, déjà soulevés[418]. Autrement dit, l'assurance « Takaful familial » est le correspondant de l'assurance vie classique, mais avec les assises islamiques. Elle implique une solidarité entre les participants et leurs familles désirant une protection individuelle et celle des personnes à sa charge contre un évènement imprévu comme un accident de la vie ou une invalidité.

Le fonds des cotisations va assurer un capital fixé dans le contrat du participant en cas de décès ou de perte définitive d'autonomie physique avant l'échéance du contrat. Inversement, il doit s'engager à verser les cotisations déterminées selon les termes convenus.

Donc, l'assurance vie conforme à l'islam est une sorte d'épargne, alors que l'assurance vie conventionnelle donne un rendement illicite à cause des intérêts simples et composés[419]. Bien entendu, les épargnants (participants) peuvent réaliser des placements à cause du fonds commun selon les principes de la finance islamique.

---

dépendance englobent le risque de dépendance total ou celle partielle. Les garanties sont de deux types : soit le paiement d'un capital, soit de rente accompagnée de l'assistance.

[418] *Supra.*, note 91et pp. 66,72,79 et 101.

[419] *Supra.*, note 61.

D'autre part, l'assurance de personne propose une autre possibilité d'investissement du capital de l'assuré.

3. L'assurance capitalisation et le contrat d'investissement Takaful

Le contrat d'assurance capitalisation est différent du contrat d'assurance vie dans la mesure où la probabilité de décès ou de survie rester neutre par rapport à l'évaluation de la prestation. Donc, l'assuré a la possibilité de retirer tout ou partie de ses fonds en tout temps. La durée du contrat est laissée à la discrétion de l'assuré.
La capitalisation peut être à moyen ou à long terme. Le but de la capitalisation est d'incorpore les intérêts perçus des divers placements au capital initialement versé par l'assuré conformément à son contrat. De ce fait, le capital se multiple dans le temps du contrat[420].
Pour l'assurance islamique, on parle du contrat d'investissement Takaful. C'est un contrat qui donne au participant, moyennant une ou plusieurs contributions, de profiter d'un capital constitué à une date fixée d'avance. Évidemment, le participant sait que le capital investi peut donner un rendement espéré, mais aussi la perte du capital qui ne peut en aucun cas être garanti.

Ces types de contrat d'assurance profitent tous d'un avantage fiscal appréciable de l'article 57(10) du Code fiscal marocain en exonérant de l'impôt les prestations concernant le contrat d'assurance sur la vie, sur la

---

[420] Illustration : un assuré va verser un capital initial de 10.000 Dhs au rendement annuel de 3%. Après un an, le contrat aura généré 300 Dhs d'intérêts (10.000 x 3%). L'année suivante, les intérêts seront calculés sur une base de 10.300 Dhs et non plus de 10.000 Dhs, ce qui génèrera alors des gains d'une valeur de 309 Dhs. Lors de la troisième année, le capital de base sera de 10.309, 27 et ainsi de suite.

capitalisation et le contrat d'investissement Takaful dont la durée est au moins égale à huit (8) ans.
Ces contrats intègrent dès lors l'actif successoral. Dans ce sens, les héritiers peuvent racheter le contrat ou peuvent demander son maintien jusqu'à son terme pour le contrat capitalisation et automatiquement ce contrat suit l'imposition les droits de succession, alors que le contrat d'investissement Takaful doit respecter les dispositions relatives aux règles de succession, testaments et donations, conformément aux dispositions et aux objectifs de la charia.

Finalement, il est nécessaire de parler sur l'assurance retraite facultative vu son rôle pour sauvegarder le statut financier du retraité quand il ou elle était actif (ve) et pour la catégorie des travailleurs (ses) non-salariés (es) sous un revenu moins que le taux de cotisation en vigueur.

4. L'assurance de retraite facultative

L'assurance de retraite facultative contient deux régimes : premièrement, le régime de retraite au sujet des travailleurs indépendants, les personnes exerçant une profession libérale et à toutes autres personnes exerçant une activité non salariée[421] qui leur revenu forfaitaire est inférieure au montant fixé par décret, en conséquence des articles 5 et 14 la loi n°99-15 suscitée.
Deuxièmement, l'assurance complémentaire de retraite des régimes de base obligatoires, on l'a déjà expliqué que c'est une option qui donne au retraité une sécurité

[421] Voir : CNSS, *Guide d'adhésion au régime facultatif de pensions des travailleurs non-salariés*. Disponible en ligne sur : <https://www.cnss.ma/sites/default/files/old/files/files/Guide%20d'adhésion%20au%20régime%20facultatif%20de%20pensions%20des%20travailleurs%20non%20salariés%20vfrancaise%2015022022.pdf/ > (consulté le 5 décembre 2023).

supplémentaire. En effet, la couverture complémentaire des retraités est gérée par différentes institutions. On a la Caisse Interprofessionnelle Marocaine de Retraite[422] (CIMR). Elle est une société mutuelle de retraite qui concerne les salariés du secteur privé quand l'adhésion est faite par leurs employeurs (les personnes morales ou physiques), mais le nombre des travailleurs doit être égal à trois (3) salariés ou plus. On a aussi l'établissement du Régime collectif d'allocation de retraite où le régime complémentaire vise les salariés affiliés au régime général de cette Caisse, lorsque la rémunération est supérieure au plafond du régime de base fixé annuellement. De plus, ce régime complémentaire est accessible également aux retraités d'un autre régime de base sous l'obligation d'adhésion de l'employeur par l'inscription de tout son personnel quand le salaire dépasse le plafond du régime général.

Et enfin, on a la Caisse marocaine des retraités (es) où le régime de retraite complémentaire vise strictement ses affiliés aux régimes de base des fonctionnaires civils et militaires sous le nom « ATTAKMILI » gouverné par le principe de capitalisation. Le régime de retraite complémentaire est un outil d'épargne pour les assurés afin de percevoir soit un capital, soit une rente viagère. Il y a aussi la possibilité d'une rente dite « certaine » sur une durée prédéfinie entre 5 à 20 ans. Parallèlement, il y a l'option d'inclure la pension des ascendants. Au reste, l'assuré peut associer entre un capital et une rente selon les termes de son contrat.

---

[422] Voir : le statut et règlement général de la Caisse de retraite du secteur privé de 2017 sur : < https://www.cimr.ma/download/statuts-et-reglement-general-de-retraite/> (consulté le 5 décembre 2023).

Conclusion

En tant que juriste, il est indispensable d'avoir les outils appropriés pour une interprétation juste des textes juridiques en vigueur selon les domaines de droit. Le moyen efficace est une codification harmonieuse en prenant en considération notre loi principale, les lois internationales et les législations parallèles qui s'y rapportent. Dans cette perception, il était essentiel pour l'analyse des contrats d'assurance et de réassurance au Maroc d'examiner les facteurs intrinsèques de l'existence de l'opération d'assurance en étudiant en premier temps l'histoire de l'opération d'assurance aux niveaux international et national et d'avoir l'arrière-plan des principes de base de cette pratique capitale dans la sécurisation financière des personnes. Certes, il fallut comprendre les bases techniques qui fournissent une gestion économique du risque probable de l'opération d'assurance, avant de se pencher sur les bases juridiques qui procurent la preuve intangible des conventions, depuis la phase précontractuelle jusqu'à la phase post-contractuelle. En effet, c'est juste la sécurité juridique de toute transaction commerciale qui garantit la sécurité sociale des individus. Donc, la première partie de cette étude nous a enseigné les bases techniques et juridiques de l'opération d'assurance.

La deuxième partie nous a expliqué le fonctionnement des différents contrats d'assurance terrestre de dommage et de personne obligatoires et ceux optionnels, mais économiquement majeurs.

La troisième partie nous a montré l'assise juridique du système des assurances maritimes et aériennes dans une économie mondiale en continuelle transformation.

Et, la quatrième partie nous a servi à connaitre les contrats d'assurance facultatifs de personne qui sont des instruments financiers déterminants de protection pour l'assuré et le bénéficiaire de l'assurance.

Dans toutes ces étapes, le principe de la bonne foi est une source incontournable pour assurer la transparence et la confiance contractuelle. Dans ce sens, l'histoire ancienne et celle moderne de l'opération d'assurances rejoignent dans le principe de mutualisation du risque qui donne au consommateur de l'assurance le choix entre les assurances conventionnelles et les assurances islamiques d'où le principe de l'autonomie de la volonté fait foi.

Références

Table des législations

<u>**Textes internationaux**</u>

- Convention de Bruxelles de 1924 pour l'unification de certaines règles en matière de connaissement (Règles de La Haye 1924) ;
- Convention pour l'unification de certaines règles relatives au transport aérien international, signée à Varsovie le 12 octobre 1929 ;
- Convention relative à l'aviation civile internationale signée à Chicago, le 7 décembre 1944 ;
- Protocole fait à La Haye le 28 septembre 1955 portant modification de la Convention pour l'unification de certaines règles relatives au transport aérien international, signée à Varsovie le 12 octobre 1929 ;
- Convention relative au contrat de transport international de marchandises par route (C.M.R) du 19 mai 1956 à Genève ;
- Convention pour la reconnaissance et l'exécution des sentences arbitrales étrangères (New York, 1958) ;
- Convention complémentaire à la Convention de Varsovie pour l'unification de certaines règles relatives au transport aérien international effectué par une personne autre que le transport contractuel, signée à Guadalajara le 18 septembre 1961,
- Convention internationale de travail (n°121) sur les prestations en cas d'accidents du travail et de maladies professionnelles de 1964 ;
- Protocole du 23 février 1968 portant modification de la convention de Bruxelles (Règles de Visby 1968) ;
- Convention internationale sur la circulation routière de Vienne de 1968 ;
- Convention internationale concernant le transport des marchandises par chemins de fer (CIM), conclue à Berne, le 7 février 1970 et ses protocoles ;
- Convention internationale de 1974 pour la sauvegarde de la vie humaine en mer (SOLAS) et ses amendements de 2024. Disponible en ligne : <

https://www.imo.org/fr/About/Conventions/Pages/Amendments-to-IMO-instruments.aspx> (consulté le 13 février et le 12 mars 2024) ;

- Convention internationale de 1973 pour la prévention de la pollution par les navires, telle que modifiée par les Protocoles de 1978 et de 1997 avec six annexes techniques entre 1983-2005 (MARPOL), rentrée en vigueur au Maroc le 28 septembre 1990 ;
- Convention internationale de 1978 sur les normes de formation des gens de mer, de délivrance des brevets et de veille, telle que modifiée (STCW), y compris les amendements de 1995 (rentrée en application par le Maroc le 22 octobre 1997) et les amendements de Manille de 2010 (entrée en vigueur au Maroc le 1er janvier 2012) ;
- Protocole du 21 décembre 1979 portant modification de la Convention de Bruxelles telle qu'amendée par le Protocole de 1968 (Protocole DTS 1979) ;
- Protocole portant amendement de la Convention relative à l'aviation civile internationale, fait à Montréal le 6 octobre 1980 ;
- Protocole fait à Montréal le 10 mai 1984 portant amendement de la Convention relative à l'aviation civile internationale ;
- Convention pour l'unification de certaines règles relatives au transport aérien international de Montréal du 28 mai 1999 ;
- Convention d'Athènes de 2002 relative au transport par mer de passagers et de leurs bagages ;
- Décision de la Commission de l'Union européenne du 28 juillet 2003 sur l'application de la Directive 72/166/CEE du Conseil concernant les contrôles de l'assurance de la responsabilité civile résultant de la circulation de véhicules automoteurs (texte présentant de l'intérêt pour l'EEE) [notifiée sous le numéro C (2003) 2626], n° L 192 du 31/07/2003 *Journal officiel de l'Union européenne* 0023 – 0039 ;
- Règles d'York et d'Anvers de 2004 ;
- Convention sur le contrat de transport international de marchandises effectué entièrement ou partiellement par mer dite les règles de Rotterdam de 2009 ;
- Convention de Vienne sur la vente internationale de marchandises de 2011.

Textes étrangers

- Textes français :
- Loi française du 9 avril 1898 sur les responsabilités des accidents dont les ouvriers sont victimes dans leur travail (Bulletin de l'Inspection du travail, n°2, 1898
- Loi française du 13 juillet 1930, Bulletin official de la République française n°168 du 18 juillet 1930, p. 8003 ; Disponible en ligne : < https://travail-emploi.gouv.fr/IMG/pdf/Loi_du_9_avril_1898.pdf> (consulté le 16 juin 2023)
- Police française d'assurance des marchandises transportées par voie de terre – conditions générales du 1er juillet 2012 (Spécimen), en ligne : < https://www.vt-logistics.fr/CG_Terrestre.pdf > (consulté le 20 aout 2023) ;
- Police française d'Assurance des marchandises transportées par voie maritime de marchandises du 1er juillet 2012 (Spécimen), en ligne : < https://www.groupe-rdt.com/wp-content/uploads/2018/07/tous-risques-maritimes.pdf> (consulté le 20 aout 2023) ;
- Police française d'Assurance des marchandises transportées par voie aérienne du 1er juillet 2012 (Spécimen), en ligne : < https://www.groupe-rdt.com/wp-content/uploads/2018/07/tous-risques-aerien.pdf.> (consulté le 20 aout 2023) ;
- Police française d'Anvers sur marchandises du 20.04.2004 (PF100), Recueil du17.12.2007. Disponible sur < https://www.add.be/storage/files/bc907276-2438-42c7-9da7-a51ac96a330d/police-danvers-20042004-fr.pdf> (consulté le 20 aout 2023) ;
- Polices françaises sur corps de tous navires à l'exclusion des navires de pêche, de plaisance, des voiliers et des navires à moteur auxiliaire de 1941(Spécimen). Disponible en ligne : < https://stream.law/wp-content/uploads/2021/07/C-M-du-1er-decembre-1941-mod-1949.pdf> (consulte le 30 mars 2024).
- Police française d'assurance maritime sur corps de tous navires tous risques à l'exclusion des navires de pêche, de plaisance et des navires en construction du1er janvier 2012 (Spécimen). Disponible en ligne : < https://stream.law/wp-content/uploads/2021/07/Corps_et_Machines_1er_janvier_2012

.pdf> (consulte le 30 mars 2024).

- Textes canadiens :
- Loi canadienne sur assurance maritime L.C. 1993, ch. 22 Disponible en ligne : < https://laws-lois.justice.gc.ca/PDF/M-0.6.pdf> (consulté le 17 mars 2024)
- Textes britanniques :
- Marine Insurance Act 1906;
- Insurance Act 2015.

Textes nationaux

Codes tel que modifié :

- Constitution marocaine de 2011 ;
- Code des obligations et contrats de 1913 ;
- Code maritime de 1919 ;
- Code du statut personnel de 1956 ;
- Code des assurances de 2002 ;
- Code du travail de 2003 ;
- Code des impôts de 2007 ;
- Code de la route de 2010 ;
- Code pénal de 2015 ;
- Code de l'aviation civile de 2016 ;
- Code de commerce de 2019 ;
- Code de la procédure civile de 2023 ;
- Code de l'arbitrage et la médiation conventionnelle de 2022.

Lois

- Dahir du 21 juillet 1923 sur la police de la chasse ;
- Dahir du 28 novembre 1934 (20 chaabane 1853) conférant au Grand Vizier un pouvoir général de réglementation sur tout ce qui concerne les assurances, Bulletin official de l'Empire chérifien sous protectorat de l'État français au Maroc, n°1155 du 14 décembre 1934, p. 1246 ;
- Dahir n°1-58-008 du 4 chaabane 1377 (24 février 1958) portant statut général de la fonction publique ;
- Dahir n°1-60-085 du 20 avril 1960 approuvant la Convention passée le 9 mars 1960 en vue de la création de la Société centrale de réassurance et portant obligation de cession à cette société

d'une part des primes perçues par les organismes d'assurances, Bulletin officiel du Royaume du Maroc n°2478 du 22 avril 1960, p.843 ;

- Loi n°013-71 du 30 décembre 1971 couvrant les personnels des Forces armées royales, des Forces auxiliaires et de la Gendarmerie royale ;
- Loi n°011-71 du 30 décembre 1971 instituant un régime de pensions civiles ;
- Loi n° 1-72-184 du17 juillet 1972 relative aux salariés du secteur privé ;
- Loi n°1.72.184 du 27 juillet 1972 relative au régime de sécurité sociale modifié et complété par la loi n° 17-02 du 4 novembre 2004 ;
- Loi n°1-13-213 du 2 mars 1973 relative au transfert à l'État de la propriété des immeubles agricoles ou à vocation agricole appartenant aux personnes physiques étrangères ou aux personnes morales ;
- Loi n°1-77-216 du 4 octobre 1977 créant un Régime collectif d'allocation de retraite ;
- Loi n°1-84-177 du 2 octobre 1984 relative à l'indemnisation des victimes d'accidents causés par des véhicules terrestres à moteur ;
- Loi n°15-89 réglementant la profession d'expert-comptable et instituant un ordre des experts-comptables du 8 janvier 1993 ;
- Loi n°24-96 relative à la poste et aux télécommunications telle que modifiée et complétée du 7 aout 1997 ;
- Loi n°18.01 du 23 juillet 2002 portant modification en la forme du dahir du 25 juin 1927 relatif à la réparation des accidents du travail ;
- Loi n°65-00 portant Code de la couverture médicale de base du 3 octobre 2002 ;
- Loi n°52-03 relative à l'organisation, la gestion et l'exploitation du réseau ferroviaire national du 7 janvier 2005 ;
- Loi n°15-02 relative aux ports et portant création de l'Agence nationale des ports et de la société d'exploitation des ports du 23 novembre 2005 ;
- Loi n°54-03 du 15 juin 2006 modifiant et complétant la loi sur la police de la chasse du 21 juillet 1923 ;
- Loi n°53-05 sur l'échange électronique des données juridiques

du 30 novembre 2007 ;

- Loi n°09-08 relative à la protection des personnes physiques à l'égard du traitement des données à caractère personnel de 18 février 2009 ;
- Loi n°31-08 édictant des mesures de protection du consommateur du 18 février 2011 ;
- Loi n°18-12 sur la réparation des accidents de travail du 29 décembre 2014 ;
- Loi n°142-12 relative à la sûreté et à la sécurité nucléaires et radiologiques et à la création de l'Agence marocaine de sûreté et de sécurité nucléaires et radiologiques du 22 aout 2014 ;
- Loi n°64-12 portant création de l'Autorité de contrôle des assurances et de la prévoyance sociale du 6 mars 2014 ;
- Loi n°104-12 relative à la liberté des prix et de la concurrence du 30 juin 2014 ;
- Loi n°103-12 relative aux établissements de crédit et organismes assimilés, telle que modifiée et complétée du 24 décembre 2014;
- Loi n°127-12 réglementant la profession de comptable agréé et instituant une organisation professionnelle des comptables agréés du 4 aout 2015 ;
- Loi n° 80-14 relative aux établissements touristiques et aux autres formes d'hébergement touristiques du 4 aout 2015 ;
- Loi n°46-12 concernant l'introduction de la technologie de l'information et les mesures de sécurité de navigation et les sanctions applicables en cas d'inobservation des règles en vigueur du 27 avril 2016 ;
- Loi n°19-14 relative à la Bourse des valeurs, aux sociétés de bourse et aux conseillers en investissement financier du 25 aout 2016 ;
- Loi n°110-14 instituant un régime de couverture des conséquences d'évènements catastrophiques et modifiant et complétant la loi n°17-99 portant Code des assurances du 25 aout 2016 ;
- Loi n°99-15 instituant un régime de pensions pour les catégories des professionnels, des travailleurs indépendants et des personnes non salariées exerçant une activité libérale du 5 décembre 2017 ;
- Loi n°103-14 portant création de l'Agence nationale de la sécurité routière du 22 février 2018 ;

- Loi n°11-16 réglementant la profession d'agent de voyages du 9 janvier 2019 ;
- Dahir n°1-21-30 du 9 chaabane 1442 (23 mars 2021) portant promulgation de la loi-cadre n°09-21 relative à la protection sociale.
- Loi n°50-20 relative à la microfinance du 14 juillet 2021 ;
- Loi n°95-17 relative à l'arbitrage et à la médiation conventionnelle du 24 mai 2022 ;
- Dahir n°1-22-77 du 14 joumada I 1444 (9 décembre 2022) portant promulgation de la loi-cadre n°06-22 relative au système national de santé.

Arrêtés

- Arrêté viziriel relatif au contrat d'assurance du 28 novembre 1934, Bulletin official de l'Empire chérifien sous protectorat de l'État français au Maroc, n°1155 du 14 décembre 1934, p. 1217 ;
- Arrêté viziriel relatif aux entreprises d'assurances, de capitalisation et d'épargne du 28 novembre 1934, Bulletin official de l'Empire chérifien sous protectorat de l'État français au Maroc, n°1155 du 14 décembre 1934, p.1255 ;
- Arrêté viziriel relatif aux contrats passés entre les compagnies d'assurances et leurs agents de la zone française du Maroc, Bulletin official de l'Empire chérifien sous protectorat de l'État français au Maroc, n°1155 du 14 décembre 1934, p. 1257 ;
- Arrêté du secrétaire général du Protectorat déterminant le modèle du registre des oppositions et du répertoire des oppositions en cas de perte, de destruction ou de vol de polices d'assurances sur la vie, de bons ou de contrats de capitalisation ou d'épargne, Bulletin official de l'Empire chérifien sous protectorat de l'État français au Maroc, n°1155 du 14 décembre 1934, p.1257 ;
- Arrêté viziriel du 6 septembre relatif à l'assurance obligatoire des véhicules automobiles sur route, Bulletin official de l'Empire chérifien sous protectorat de l'État français au Maroc, n°1510, du 3 octobre 1941, p.968 ;
- Arrêté du directeur des finances relatif à l'établissement des "quittances de primes d'assurance automobile, Bulletin official de l'Empire chérifien sous protectorat de l'État français au Maroc, n°1510, du 3 octobre 1941, p.968 ;

- Arrêté viziriel unifiant le contrôle de l'État sur les entreprises d'assurances, de réassurances et de capitalisation, Bulletin official de l'Empire chérifien sous protectorat de l'État français au Maroc, n°1510 du 3 octobre 1941, p. 968 ;
- Arrêté du directeur des finances du 10 février 1950 portant agrément de la société d'assurances « Compagnie métropolitaine d'assurances sur la vie » pour pratiquer en zone française du Maroc diverses catégories d'opérations d'assurances, Bulletin official l'Empire chérifien sous protectorat de l'État français au Maroc n°1948 du 24 février 1950, p. 215 ;
- Arrêté du directeur des finances du 28 mars 1950 portant agrément de la société d'assurances « Mutuelle générale française-Accidents » pour pratiquer en zone française du Maroc diverses catégories d'opérations d'assurances, Bulletin du protectorat français n°1955 du 14 avril 1950, p. 434 ;
- Arrêté du directeur des finances du 5 juin 1950 portant agrément de la société d'assurances « La Compagnie africaine d'assurances » pour pratiquer en zone française du Maroc diverses catégories d'opérations d'assurances, Bulletin official l'Empire chérifien sous protectorat de l'État français au Maroc n°1964 du 16 juin 1950, p.796 ;
- Arrêté du directeur des finances du 21 septembre 1950 portant agrément de la société d'assurances Gresham Fire and Accident Insurance Society Limited » pour pratiquer en zone française du Maroc des opérations d'assurances, Bulletin official l'Empire chérifien sous protectorat de l'État français au Maroc n°1979 du 29 septembre 1950, p. 1247 ;
- Arrêté du directeur des finances portant agrément de la société d'assurances « La France maritime et continentale » pour pratiquer en zone française du Maroc des opérations d'assurances, Bulletin official l'Empire chérifien sous protectorat de l'État français au Maroc n°1080 du 6 octobre 1950, p.1273 ;
- Arrêté du directeur des finances du 17 novembre 1950 portant agrément de la société d'assurances « La Providence-Incendie » pour pratiquer en zone française du Maroc certaines opérations d'assurances ;
- Arrêté du directeur des finances du 21 novembre 1950 portant approbation du transfert de la société d'assurances « La Providence-Incendie » de la totalité du portefeuille des contrats

d'assurance, constitué en zone française du Maroc, de la société d'assurances « La Providence nord-africaine », Bulletin official l'Empire chérifien sous protectorat de l'État français au Maroc n°1988 du 1 décembre1950, p.1485 ;

- Arrêté du directeur des finances du 22 janvier 1951 portant agrément de la société d'assurance « L'Industrielle du Nord » pour pratiquer en zone française du Maroc certaines opérations d'assurance, Bulletin official l'Empire chérifien sous protectorat de l'État français au Maroc n°1997 du 2 février 1951, p. 153 ;
- Arrêté du directeur des finances du 28 janvier 1951 portant approbation du transfert la société d'assurances « L'Alsacienne » de la localité du portefeuille de contrats d'assurance, constitue zone française du Maroc, de la société d'assurance « Nord-Afrique », Bulletin du protectorat français n°1997 du 2 février 1951, p.153 ;
- Arrêté du directeur des finances du 29 janvier 1951 portant agrément de la société d'assurances « Ancienne Mutuelle-Accidents » pour pratiquer en zone française du Maroc certaines opérations d'assurances, Bulletin du protectorat français n°1997 du 2 février 1951, p. 153 ;
- Arrêté du directeur des finances du 6 février 1951 portant agrément de la sociale d'assurances « General Accident Fire and Life Assurance Corporation Limited » pour pratiquer en zone française du Maroc certaines opérations d'assurances, Bulletin official l'Empire chérifien sous protectorat de l'État français au Maroc, n°1999 du 16 février 1951, p. 235 ;
- Arrêté du vice-présentant du Conseil du ministre des Finances du 17 décembre 1959 portant agrément de la société d'assurances « Compagnie nord-africaine et intercontinentale d'assurance », Bulletin official du Royaume du Maroc n°2462 du 1er janvier 1960, p.10.
- Arrêté du ministre de l'Économie nationale et des Finances n°1080-60 du 2 décembre 1960 fixant les conditions des réassurances légales obligatoires auprès de la Société centrale de réassurance, Bulletin officiel du Royaume du Maroc n°2514 du 30 décembre 1960 p. 2164 ;
- Arrêté de sous-secrétaire aux finances n°105-65 du 5 mars 1965 relatif aux cautionnements et aux réserves exigibles des sociétés d'assurance, réassurances et capitalisation, Bulletin official

marocain, édition Franco-Espagnole, n°2734 du 24 mars 1965, p. 313 ;

- Arrêté du ministre du travail et des affaires sociales n°100-68 du 20 mai 1967 pris pour l'exécution du dahir du 26 joumada I 1362 (31 mai 1943) étendant aux maladies professionnelles les dispositions de la législation sur la réparation des accidents du travail, Bulletin official marocain, édition Franco-Espagnole, n°2899 du 23 mai 1968, p. 503 ;
- Arrêté n°1438.01 (version arabe) du 31 juillet 2001 relatif aux états statistiques et financiers exigibles des sociétés mutualistes, Bulletin official marocain n°4947 du 29 octobre 2001, p. 3663 ;
- Arrêté du ministre du transport et de la marine marchande n°1390-02 du 2 septembre 2002 relatif aux conditions techniques d'exploitation des aéronefs, Bulletin official marocain n°5040 du 19 sept.2002, p.1005 ;
- Arrêté du ministre du l'équipement et de transport et de la marine marchande n°780-03 du 15 avril 2003 fixant les conditions de transport par voie aérienne de tous articles, notamment les marchandises dangereuses, susceptibles de mettre en danger la sécurité de l'aéronef et des personnes à bord. Disponible sur : < https://www.aviationcivile.gov.ma/pdf/Arr780-03.pdf> (consulté le 25 et 27 avril 2024) ;
- Arrêté du ministre des Finances et de la Privatisation n°2240-04 du 27 décembre 2004 relatif au contrat d'assurance, Bulletin officiel marocain n°5292 du 17 février 2005, p. 166 ;
- Arrêté du ministre des Finances et de la privatisation n°213-05 du 26 janvier 2005 relatif aux assurances obligatoires, Bulletin officiel marocain n°5292 du 17 février 2005, p. 177 ;
- Arrêté du ministre des Finances et de la Privatisation n°2241-04 du 27 décembre 2004 relatif à la présentation des opérations d'assurances, Bulletin officiel marocain n°5292 du 17 février 2005, p. 169 ;
- Arrêté des Finances et de la Privatisation n°1053-06 du 26 mai 2006 sur les conditions générales-type du contrat relatif à l'assurance responsabilité civile automobile, Bulletin officiel marocain n°5436 du 6 juillet 2006, p.1023.
- Arrêté, des Finances et de la Réforme de l'Administration n°4150.19 du 27 décembre 2019 fixant les primes ou cotisations relatives à la garantie contre les conséquences d'évènements

catastrophiques et les taux de commissionnement pour la présentation des opérations d'assurances au titre de cette garantie ainsi que les plafonds des montants de la garantie et des franchises, Bulletin officiel marocain n°6848 du 16 janvier 2020, p. 235 ;

- Arrêté, des Finances et de la Réforme de l'Administration n°2214-19 du 27 décembre 2019 fixant les modalités de fonctionnement de la garantie contre les conséquences d'évènements catastrophiques, Bulletin officiel marocain n°6848 du 16 janvier 2020, p. 227.

Décrets

- Décret n°2-60-261 du 20 avril 1960 fixant les conditions d'application du Dahir du 20 avril 1960 portant obligation de cession à la Société centrale de réassurance d'une part des primes perçues par les organismes d'assurances, Bulletin officiel du Royaume du Maroc n°2485 du 10 juin1960, p.1147.
- Décret n°2-64-025 du 30 janvier 1964 fixant le taux de la cotisation due à la Caisse nationale de sécurité sociale par les marins-pêcheurs,
- Décret n°2-02-177du 22 février 2002 approuvant le règlement de construction parasismique (R.P.S2000) applicable aux bâtiments, fixant les règles parasismiques et instituant le Comité national du Génie parasismique, Bulletin officiel du Royaume du Maroc n°4988 du 21 mars 2002, p. 163 ;
- Décret n°2-01-2723 du12 mars 2002 fixant le taux des cotisations dues à la Caisse nationale de sécurité sociale, Bulletin officiel du Royaume du Maroc n°4988 du 21 mars 2002, p. 159 ;
- Décret n°2-72-541 du 23 kaada 1392 (18 juillet 2005) relatif aux prestations servies par la Caisse nationale de sécurité sociale. Disponible sur :<https://www.acaps.ma/sites/default/files/publication_documents/decret_ndeg_2-72-541.pdf.> (consulté le 13 novembre 2023) ;
- Décret n°2-05-735 du 11 joumada II 1426 fixant le taux de cotisation due à la Caisse nationale des organismes de prévoyance sociale au titre du régime de l'assurance maladie obligatoire de base, Bulletin officiel du Royaume du Maroc

n°5344 du 18 aout 2005, p.611;

<u>Projets de loi</u>

- Projet de loi n°55-17 relative à la santé et la sécurité au travail dans les secteurs privé et public. Disponible en ligne sur : <http://www.sgg.gov.ma/Portals/0/legislation/ProjetLois/EtudeImpact/projetLoi55-17FR.pdf> (consulté le 10 mai 2024) ;
- Projet de loi (02-24) modifiant la gouvernance de la CNSS » (17 juillet 2024). Disponible en ligne sur le site du parlement, « Chambre des conseillers : adoption d'un projet de loi modifiant la gouvernance de la CNSS » (20 :46 - 17 juillet 2024) sur : < https://www.barlamane.com/fr/chambre-des-conseillers-adoption-dun-projet-de-loi-sur-la-gouvernance-de-la-cnss/ > (consulte le 20 juillet 2024).

Bibliographie

Monographies et ouvrages collectifs

- ADIL Hind, *La responsabilité du transporteur maritime international de marchandises sous connaissement : causes d'exonérations et limitations légales,* Mémoire présentée à la Faculté des études supérieures en vue de l'obtention du grade de maître en droit, option : droit des affaires, Université de Montréal, 2005 ;
- ADIL Hind, *Le régime juridique international de la responsabilité du transporteur maritime de marchandises sous connaissement : un échec ?* Thèse présentée à la Faculté de droit en vue de l'obtention du grade de doctorat en droit, option droite des affaires, décembre 2009.
- BACACHE-GIBEILI Mireille, *Traite de droit civil*, Les obligations : la responsabilité civile extracontractuelle (tome 5), Édition Economica, Paris, 2012 ;
- CARMEL Yapi Arnaud, *Analyse de la sinistralité d'une base de données à l'aide de la théorie des valeurs extrêmes et d'un outil de simulation*, mémoire de maîtrise en mathématique, Université du Québec à Montréal, juin 2021 ;
- DESLAURIERS Patrice, *La déclaration précontractuelle de risque en droit québécois,* Cowansville, Éditions Yvon Biais, 1994 ;
- DUPAQUIER Jacques, *L'invention de la table de mortalité. De*

Graunt à Wargentin (1662-1766), PUF, Paris, 1996 ;
- FRANKLIN James, *The science of conjecture: evidence and probability before Pascal*, the Johns Hopkins University Press, Baltimore & London, 2001;
- GAUTHIER Pierre-Yves, « L'équivalence entre supports électroniques et papier, au regard du contrat », dans *droit et technique – Études à la mémoire du professeur Xavier Linant de Bellefonds*, Paris, Litec, 2007, pp.195-196 ;
- GIRAUD Pierre-Noël, « L'histoire de Zaccaria, négociant génois » dans *Le commerce de promesses*, petit traité sur la finance moderne, Paris, Seuil, 2001, pp. 35-73 et dans Pierre-Noël GIRAUD, *Principes d'économie*, Paris, La Découverte, 2016, pp. 85-92 ;
- JULIEN Charles-Andres, *Le Maroc face aux impérialismes1415-1956*, Éditions J-A.,1978 ;
- KLEIN W. Robert « *The Structure and Performance of the Insurance Industry* » dans *A Regulator's Introduction to the Insurance Industry,* 2nd Edition, Georgia State University, 2005, pp.81-103 ;
- LLUELLES Didier, *Précis des assurances terrestres*, 4e éd., Montréal, Thémis, 2005 ;
- MILLET Florence, *La notion de risque et ses fonctions en droit privé,* Paris, LGDJ, 2001 ;
- MURRA E John, *Origins of American Health Insurance : A history of industrial sickness Funds*, Yale Series in Economic and Financial History, 2007 ;
- TEMPELAERE Alain, *Les mutuelles d'assurances en France et dans le monde,* Paris, Economica, 2001 ;
- THÉROND Pierre-Emmanuel, *Mesure et gestion des risques en assurance : : analyse critique des futurs référentiels prudentiels et d'information financière*, thèse de doctorat, Lyon, Université Claude Bernard – Lyon 1, 2007. Disponible en ligne : < https://theses.hal.science/tel-00655896/document> (consulté le 15 sept. 2023) ;
- TOUCAS-TRUYEN Patricia, *Histoire de la mutualité et des assurances. L'actualité d'un choix,* Paris, Syros, 1998 ;
- SWAN Angela, BALA C. Nicholas et ADAMSKI Jakub, *Contracts : cases, notes & Materials*, LexisNexis, 2015 ;
- TRENERRY De Charles Farley, *The Origin and Early History*

of Insurance: Including the Contract of Bottomry, P.S. KING & Son, London, 1926 *;*

- YOYOTTE J., « l'Égypte pharaonique société, économie et culture », dans Dir. MOKHTARUNESCO G., *Histoire générale de l'Afrique : l'Afrique ancienne*, UNESCO, Paris, 1980.

Articles de revues

- AB RAHMAN Asmaa, « Exploring sharia's views on the practice of Takaful company reinsuring with reinsurance company », ISRA Shari'ah Conference on Takaful, 2009. Disponible en ligne sur : <https://mbri.ac.ir/userfiles/file/Islamic%20Banking/بانک%20مقالات/Takaful/Exploring%20Sharia%60Ah%20Views%20On%20The%20Practice%20Of%20Takaful%20Company%20Reinsuring%20With%20Reinsurance%20Company.pdf> (consulté le 30 sept. 2023) ;
- BEAUGE Gilbert, « Les capitaux de l'islam - Chapitre 8. Islam et assurances » par Ernst Klingmüller, CNRS Éditions, p. 153-160. Disponible en ligne : < <https://books.openedition.org/editionscnrs/871?lang=en#tocfrom1n1/> (consulté le 5 juillet 2023) ;
- BÉLANGER André et MANEKENG TAWALI Joëlle, « Le spectre de la mutualité dans le contrat d'assurance » (2009) 39 *Revue générale de droit (R.G.D.)* 297-328 ;
- BOYER Martin, « Une brève histoire des assurances au Moyen âge », vol. 76(3), octobre 2008 *Assurance et gestion des risques* 83-97 ;
- CHARBONNIER Jacques, « L'assurance islamique » (octobre 2010-janvier 2011) vol. 78(3-4) *Revue Assurances et gestion des risques* 351-*384 ;*
- CLAEYS Thierry, « Les tontines royales en France, 1689-1759 », 2014/1 (N°1), *Revue française d'histoire économique*156-157. Disponible en ligne sur : <https://www.cairn.info/revue-francaise-d-histoire-economique-2014-1-page-156.htm>, (consulté le 14 juin 2023) ;
- CROTEAU Nathalie, « Le contrôle des clauses abusives dans le contrat d'adhésion et la notion de bonne foi » (1996) 26 *Revue de droit de l'Université de Sherbrooke* 403 ;

- DUBREUIL Christiane, « L'assurance : un contrat de bonne foi à l'étape de la formation et de l'exécution » (1992) 37 *Revue de droit McGill (R.D. McGill)* 1087-1092 ;
- EL GHEZAOUI Maria, « Analyse régulationniste des incertitudes : de l'assurance au principe de précaution » vol.86 (1-2) juin 2019 *Assurances et gestion des risques* 31–54 ;
- ESMEIN Paul, « Les mutuelles d'assurance : investisseurs privilégiés du long terme » (2019) 2 (134) *Revue d'économie financière* 61 ;
- FROMMENTEAU Michel, RUOL Vincent et ESLOUS Laurence, « Assurance et santé : sélection des risques : où en est-on ? » (2011) n°31 *Presses de Sciences Po | « Les Tribunes de la santé »*, 63-71. Disponible en ligne : < https://www.cairn.info/revue-les-tribunes-de-la-sante1-2011-2-page-63.htm> (consulté le 20 novembre 2023) ;
- FORTIN Isabelle, « Réflexion sur l'assurabilité du risque environnemental au Québec » (2000) 41(3) *Les Cahiers de droit (C.D.)* 373, 491 et suiv. ;
- GOURD Alain, « Le droit des assurances et la protection du consommateur » (1972) 32 *Revue du Barreau (R.B.)* 527 ;
- GUEGAN Anne, « L'apport du principe de précaution au droit de la responsabilité civile » (2000) 2 *Revue juridiques de l'Environnement* 147-178.
  Disponible en ligne :
  <https://doi.org/10.3406/rjenv.2000.3772
  https://www.persee.fr/doc/rjenv_0397-0299_2000_num_25_2_3772> (consulté le 30 oct. 2023) ;
- HEON Sébastien et PASOIRE Didier, « La couverture du cyber risque » 2017/2 (n°126) *Revue d'économie financière* 170 (169 à 182) ;
- KHOURY Nabil, « La condamnation de l'usure dans le Christianisme et dans l'Islam. » (2018) 85 (1-2) *Assurances et gestion des risques* 1–25. Disponible en ligne :
  < https://doi.org/10.7202/1051314ar > (consulté le 20 aout 2023).
- LEFEBVRE Guy, « Incoterms 2020 : nouveautés et difficultés pratiques (2019) 53 *RJTUM* 603.
- LETOURNEAU Alain, « Le sinistre/occurrence en assurance de responsabilité civile » (jav.2007) vol. 74(4) *Assurances et*

gestion des risques 587-600 ;

- LLUELLES Didier, « La révision du contrat en droit québécois » (2006)*36* (1) *Revue générale de Droit* 25–67 ;
- MARSHALL M. John, « Moral Hazard », (1976) vol.66 (5) *American Economic Review* 880.
- MEIJER G.J., « The Rotterdam Rules and arbitration », *Conférence « the Rotterdam Rules appraised »*, session 3, 25 septembre 2009, Erasmus School of Law.
- NOVEMBER Andréas et NOVEMBER Valérie, « Risque, assurance et irréversibilité » (2004) XlII-130 *Revue européenne des sciences sociales* 161-179. Disponible en ligne : <https://journals.openedition.org/ress/475> (consulté le 15 sept. 2023).
- PAGLIA Antoine et PHELIPPE-GUINVARC'H V. Martial, « Tarification des risques en assurance non-vie : une approche par modèle d'apprentissage statistique », Euro-Institut d'Actuariat – Groupama (2011) Vol 11, n°22 *Bulletin français d'a*ctuariat 49 – 81. Disponible en ligne : http://www.ressources-actuarielles.net/EXT/IA/sitebfa.nsf/0/5553E9833B528C40C1257939002AAF04/$FILE/22_Article2.pdf (consulté le 16 sept.2023) ;
- ROHRBACH W., *«* Importance of Insurance History », (2018) 3 *Insurance Trends journal*, Serbia, p.39. Disponible en ligne sur : <http://tokoviosiguranja.edu.rs/wp-content/uploads/2018/12/18-03_1e.pdf > (consulté le 15juillet 2023) ;
- SAHEB-ETTABA Aziz, « La protection juridique de l'environnement marin dans le cadre du transport maritime de substances nocives et potentiellement dangereuses » (1998) 32 *Les Éditions Thémis* 520 ;
- THOMPSON BEN, « Incoterms 2020 Explained – The Complete Guide » 20 janvier 2020 en ligne sur : <https://incodocs.com/blog/incoterms-2020-explained-the-complete-guide/> (consulté le 12 mars 2024) ;
- TONN Gina « Cyber risk and insurance for transportation infrastructure » (July 2019) vol.79 *Transport Policy* 103-114 ;
- TOREGAS Costis et ZAH Nicolas, « Insurance for Cyber Attacks : The Issue of Setting Premiums in Context », *Report GW-CSPRI-2014-1*, George Washington University, 7 janvier 2014.

- VENARD Bertrand, « L'histoire du marché de l'assurance en France », vol. 81(1-2), mars-avril 2013 *Assurances et gestion des risques* 85-101. Disponible en ligne sur : < https://www.revueassurances.ca/wp-content/uploads/2016/03/2013_81_no1_2_venart.pdf> (consulté le 9 juin 2023).
- VÉZINA Nathalie, « Préjudice matériel, corporel et moral : variation sur la classification tripartite du préjudice dans le nouveau droit de la responsabilité » (1993) 24 *R.D.U.S.* 161.
- VINEY Geneviève, « Pour une interprétation modérée et raisonnée du refus d'option entre responsabilité contractuelle et responsabilité délictuelle » (1994) 39 *Mc Gill L.J.* 813.

Documents internationaux

- CNUCED, *Rapport de CNUCED*, « problèmes de réassurance dans les pays en voie de développement » (TD/B/C.3/106/Rev.1), 1973. Disponible sur : <https://unctad.org/system/files/official-document/tdbc3d106Rev.1_en.pdf> (consulté le 20 sept.2023) ;
- Organisation de l'aviation civile internationale, *Manuel de la réglementation du transport aérien international*, 2004. Disponible en ligne : < https://www.icao.int/meetings/atconf6/documents/doc%209626_fr.pdf> (consulté le 20 mars 2024) ;
- Association Internationale des Contrôleurs d'Assurance, *Le Conseil des Services financiers Islamiques,* « Questions sur la réglementation et le contrôle du Takaful (Association Internationale des Contrôleurs d'Assurance), 2006 ;
- Organisation des Nations Unies pour l'agriculture et l'alimentation, *Assurance des récoltes dans les pays en développement,* Organisation des Nations Unies pour l'agriculture et l'alimentation, par R.A.J. Roberts, Rome, novembre 2005. Disponible en ligne sur : < https://www.fao.org/documents/card/fr/c/2db61135-261a-590b-b5ec-1b4e1fe5c10b> (consulté le 7 novembre 2023) ;
- MILLIMAN FIRMS, *Research Report "Takaful (Islamic Insurance*): "Concept, Challenges, and Opportunities" by Safder JAFFER, Farzana ISMAIL, Jabran NOOR and Lindsay UNWIN, November 2010 ;

- IFAAS/FSD (Africa Islamic Finance Advisory & Assurance Services/ Financial Sector Deepening Africa, *La boîte à outils de la finance islamique ;*
- OCDE, « Lignes directrices de l'OCDE sur la gouvernance des assureurs », 2017 Disponible en ligne sur : < https://www.oecd-ilibrary.org/docserver/9789264288294-fr.pdf?expires=1718543994&id=id&accname=guest&checksum=DD2F270CCCE213F51C0A4D9FA4DD0E42> (consulté le 10 janvier 2023) ;
- Institut des actuaires, *Fonction clé actuariat, Guide de bonne pratique pour répondre aux exigences de la Directive Solvabilité 2*, Paris, avril 2023. Disponible en ligne : <https://www.institutdesactuaires.com/global/gene/link.php?doc_id=15141&fg=1> (consulté le 8 juin 2023) ;
- Insurance Information Institute, « Cyber insurance: a key part of a robust business strategy », 12 octobre 2023. Disponible en ligne sur : <https://www.iii.org/article/cyber-insurance-a-key-part-of-a-robust-business-strategy » (consulté le 15 octobre 2023) ;
- Insurance Information Institute, « Cyber Insurance Market Growing Dramatically, Triple-I Finds », New York, 7 février 2024, en ligne sur : <https://www.iii.org/press-release/cyber-insurance-market-growing-dramatically-triple-i-finds-020724> (consulté le 7 février 2024).

Documents gouvernementaux

- *BAM - ACAPS – AMMC, Rapport sur la stabilité financière-exercice 2020 (numéro 8).* Disponible en ligne sur :< *https://www.ammc.ma/fr/publications/rapport-sur-la-stabilite-financiere-relatif-lexercice-2020> (*consulté le 20 décembre 2022) ;
- *ACAPS*, « Situation du secteur des assurances et de la réassurance en 2022 », en ligne sur : <https://www.acaps.ma/sites/default/files/publication_documents/acaps_situation_liminaire_2022_vf_1.pdf > (consulté le 30 janvier 2023) ;
- *Chef du gouvernement marocain*, « Intervention du chef du gouvernement à la chambre des représentants » (24 octobre 2022). Disponible en ligne sur : <

https://www.cg.gov.ma/fr/node/10941> (consulté le 20 aout 2023)

- *CNSS,* Guide de l'Assurance Maladie obligatoire pour les personnes dans l'incapacité de s'acquitter des cotisations. Disponible en ligne sur : <https://www.cnss.ma/sites/default/files/old/files/files/Guide%20Ramedistes_fr_01_12def(2).pdf> (consulté le 20 aout 2023) ;
- *Conseil déontologique des valeurs mobilières,* La finance islamique*, 2011. Disponible en ligne sur :* *<www.CDVM.gov.ma> (consulté le 22 aout 2023) ;*
- Les statistiques sectorielles de l'assurance au Maroc : <https://www.acaps.ma/fr/statistiques/statistiques-sectorielles-assurance> (consulté le 15 sept. 2023) ;
- *ACAPS,* « La question sur coefficient réduction majoration » en ligne sur *:* <https://www.acaps.ma/fr/nous-repondons-vos-questions/vos-questions-sur-lassurance > (consulté le 30 oct. 2023) ;
- *ACAPS,* Newsletter- intermédiaires, disponible en ligne : < https://www.acaps.ma/sites/default/files/publication_documents/newsletter_n7_fr.pdf > *(*consulté le 3 novembre 2023) ;
- *CNSS*, Guide d'adhésion au régime facultatif de pensions des travailleurs non-salariés. Disponible en ligne sur : < https://www.cnss.ma/sites/default/files/old/files/files/Guide%20d'adhésion%20au%20régime%20facultatif%20de%20pensions%20des%20travailleurs%20non%20salariés%20vfrancaise%2015022022.pdf/> > (consulté le 5 décembre 2023) ;
- *Cour des Comptes*, Rapport sur le système de retraite au Maroc : diagnostic et propositions de réformes, Royaume du Maroc, juillet 2013. Disponible en ligne sur : < https://www.courdescomptes.ma/wp-content/uploads/2023/01/retraite_fr_2013.pdf> (consulté le 25 janvier 2024) ;
- *ACAPS*, La Caisse Marocaine des Retraites (CMR). Disponible en ligne sur : <https://www.acaps.ma/sites/default/files/fiche_synthetique_cmr.pdf> (consulté le 29 janvier 2024).
- *Ministère des Finances et de la Privatisation*, « Historique sur l'évolution du secteur de la retraite au Maroc », Dir. Omar FARAJ, (mars 2007) 40 Revue Al Maliya. Disponible en ligne

sur : <https://www.finances.gov.ma/Maliya%20tawassol/file_220807_151728869.pdf > (consulté le 29 janvier 2024) ;

- Conseil Économique, Social et Environnemental, Rapport annuel 2023, Bulletin officiel marocain n°7355 bis (25-11-2024) p. 2760.

Articles des journaux

- « Zoom : le secteur des assurances au Maroc : tout un potentiel à explorer », le journal Conjoncture, n°1997-17, 15 novembre - 15 décembre 2017 ;
- Hind ADIL, « Les recommandations réformistes et l'identité du Code maritime MAROCAIN : une loi confuse », Journal Les Inspirations Eco, lundi 2 novembre 2020, p.13,
- H. ADIL, « Les recommandations réformistes et l'identité du Code maritime MAROCAIN : la modernisation du Code confirme son identité marocaine », Journal Les Inspirations Eco, mardi 17 novembre 2020, p. 26 ;
- « Officiel : 296 morts et 153 blessés, bilan préliminaire du séisme de vendredi soir », le journal L'Opinion, 9 sept. 2023. Disponible en ligne sur : <https://www.lopinion.ma/Officiel-296-morts-et-153-blesses-bilan-preliminaire-du-seisme-de-vendredi-soir_a43969.html> (consulté le 10 sept. 2023) ;
- Stéphane CORONE, « Les règles proportionnelles de prime et de capitaux », l'Argus de l'assurance, France, 07 novembre 2008. Disponible en ligne sur : < https://www.argusdelassurance.com/reglementation/legislation/les-regles-proportionnelles-de-prime-et-de-capitaux.26469> (consulté le 3 décembre 2023).

Sources et sites électroniques :

- Site officiel de la compagne Lloyds : < https://www.lloyds.com> (consulté le 8 juin 2023) ;
- < https://www.atlas-mag.net/article/historique-de-l-assurance-aux-etats-unis > (consulté le 8 juin 2023) ;
- « Aliénor d'Aquitaine et l'origine de l'assurance-maladie au

XIIème siècle » : <https://www.musee-assurancemaladie.fr/sites/default/files/users/user38/Roles%20d%27Oleron_article_m._rey.pdf> (consulté le 10 juin 2023) ;

- Recueil d'ancienne littérature française : < https://gallica.bnf.fr/ark:/12148/bpt6k9606758r/f34.item> (consulté le 10 juin 2023) ;
- Portrait des archives de France : <https://francearchives.gouv.fr/facomponent/35869bd6d34235802efc0cbb8f80b951c2540e12 > (consulté le 11 juin 2023) ;
- Site Index Assurance : < https://www.index-assurance.fr/histoire-assurance#> (consulté le 11 juin 2023) ;
- Le développement de l'assurance en allemand et la suisse : <https://www.histoiredelasecuritesociale.ch/synthese/1883-1884-1889> (consulté le 11 juin 2023) ;
- New York State Banking Department and the New York State Insurance Department: <https://www.dfs.ny.gov/our_history> (consulté le 11 juin 2023) ;
- Insurance information Institute : <https://www.iii.org/publications/insurance-handbook/brief-history#:~:text=1752%20The%20Philadelphia%20Contributionship%20for,the%20United%20States%2C%20was%20founded.//> (consulté le 12 juin 2023) ;
- Site Atlas Magazine : < https://www.atlas-mag.net/article/historique-de-l-assurance-aux-etats-unis > (consulté le 12 juin 2023) ;
- Site officiel de EUOPA : <https://www.europaong.org/wp-content/uploads/2015/09/EUROPA-CEPSE-ALLEMAGNE.pdf>> (consulté le 12 juin 2023) ;
- Site de la Bibliothèque nationale de France Gallica :< https://gallica.bnf.fr/ark:/12148/bpt6k62084098.texteImage> (consulté le 10 et 14 juin 2023) ;
- Site Atlas Magazine : <https://www.atlas-mag.net/article/l-assurance-en-france-au-xixeme-siecle-l-avenement-du-marche> (consulté le 14 juin 2023) ;
- Site officiel de la banque Attijariwafa :< https://www.attijariwafabank.com/fr/marques-et-filiales-marocaines/wafa-assurance#.> (consulté le 20 aout 2023) ;
- Site officiel de la société mamda-mcma : <https://www.mamda-

mcma.ma/fr/mutuelle-taamine-chaabi > (consulté le 20 aout 2023) ;

- Site officiel de la société Sanlam : < https://sanlam.ma/fr/> (consulté le 20 aout 2023) ;
- Site officiel de la société Axa : < https://www.axa.ma> (consulté le 20 aout 2023) ;
- Site officiel de la société Atlantasanad :< https://www.atlantasanad.ma> (consulté le 20 aout 2023) ;
- Site officiel de la société Marocaine vie : < https://www.lamarocainevie.com> (consulté le 20 aout 2023) ;
- Site officiel de la société Allianz :< https://www.allianz.ma/fr_MA/particuliers.html> (consulté le 20 aout 2023) ;
- Site officiel de la société Allianz Trade : < https://www.allianz-trade.com/fr_MA/decouvrir_allianz_trade/allianz-trade-morocco.html> (consulté le 20 aout 2023).
- Site officiel de la société RMA Assistance : < http://www.rmaassistance.com> (consulté le 20 aout 2023) ;
- Site officiel de la société Coface : < https://www.coface.com/fr/Le-groupe/Notre-histoire> (consulté le 20 aout 2023) ;
- Site official de l'Agence nationale de l'assurance maladie (ANAM) : < https://anam.ma/anam/lanam/missions-de-lanam/> (consulté le 20 aout 2023)
- Site de l'Office québécois de la langue française : < https://vitrinelinguistique.oqlf.gouv.qc.ca/fiche-gdt/fiche/8873809/reassurance-en-excedent-de-sinistre> (consulté le 23 sept. 2023)
- Site officiel de l'organisation internationale de travail (O.I.T) : < <https://www.ilo.org/global/topics/wages/minimum-wages/definition/WCMS_565207/lang--fr/index.htm>/ < https://www.ilo.org/fr/resource/17-travail-la-piece> (consulté le 10 novembre 2023) ;
- Site officiel de la Caisse nationale des organismes de prévoyance sociale : <https://www.cnops.org.ma/cnops/qui_sommes_nous/historique_cnops> (consulté le 10 novembre 2023) ;
- <https://wtemps.cnops.org.ma/fr/immatriculation?r=76> (consulté le 10 novembre 2023) ;

- Site officiel de la Caisse nationale de sécurité sociale : < https://www.cnss.ma/fr/content/missions-et-valeurs> (consulté le 10 novembre 2023) ;
- < https://www.cnss.ma/fr/content/indemnites-journalieres-de-maladie> (consulté le 12 novembre 2023) ;
- < https://www.cnss.ma/fr/content/pension-de-survivants> (consulté le 12 novembre 2023) ;
- Le statuts et règlement général de la caisse de retraite du secteur privé de 2017 sur : < https://www.cimr.ma/download/statuts-et-reglement-general-de-retraite/ > (consulté le 5 décembre 2023);
- Modèle de police assurance maritime en ligne : < https://www.ms-ins.com/pdf/cargo/MARINECARGOINSURANCECLAUSES.pdf>, <https://assets.lloyds.com/media/8d826702-befe-43bf-a420-caf4f281ebcc/Lloyd's-Europe-Marine-Insurance-Certificate-layout-guide.pdf/ > (consulté le 13 mars 2024).

Table des matières

Structures éditoriales du groupe L'Harmattan

L'Harmattan Italie
Via degli Artisti, 15
10124 Torino
harmattan.italia@gmail.com

L'Harmattan Hongrie
Kossuth l. u. 14-16.
1053 Budapest
harmattan@harmattan.hu

L'Harmattan Sénégal
10 VDN SICAP AMITIE 3
BP 45034 Dakar-Fann
direction@senharmattan.com

L'Harmattan Cameroun
Tsinga/Derrière polyclinique FECAFOOT
BP 11486 Yaoundé
Jacques.koukam@harmattan.fr

L'Harmattan Burkina Faso
Villa 281, secteur 23 623, rue 14.32
Ouagadougou
zagbie@outlook.fr

L'Harmattan Guinée
Almamya, rue KA 028 OKB Agency
BP 3470 Conakry
harmattanguinee@yahoo.fr

L'Harmattan RDC
185, avenue Nyangwe
Commune de Lingwala – Kinshasa
matangilamusadila@yahoo.fr

L'Harmattan Congo
219, avenue Nelson Mandela
BP 2874 Brazzaville
deunovmikhael@gmail.com

L'Harmattan Mali
Immeuble Mgr Jean Marie Cissé
Aci Hamadallaye
BP 145 Bamako
syllaka@yahoo.fr

L'Harmattan Togo
Djidjole – Maison Amela
face EPP BATOME
02 BP 20680 Lomé
didieramela11@gmail.com

L'Harmattan Côte d'Ivoire
Résidence Karl – Cité des Arts
Abidjan-Cocody
03 BP 1588 Abidjan
harmattan.ivoire@gmail.com

L'Harmattan Bénin
Rue 604, (Immeuble à l'entrée
de la rue UCAO- Cite de Saint-Jean)
Cotonou
stepcorpus@gmail.com

Nos librairies en France

Librairie internationale
16, rue des Écoles
75005 Paris
librairie.internationale@harmattan.fr
01 40 46 79 11
www.librairieharmattan.com

Librairie des savoirs
21, rue des Écoles
75005 Paris
librairie.sh@harmattan.fr
01 46 34 13 71
www.librairieharmattansh.com

www.ingramcontent.com/pod-product-compliance
Lightning Source LLC
LaVergne TN
LVHW010953061026
849535LV00006B/1699